Gesund essen bei

Laktoseintoleranz

GENUSS-REZEPTE OHNE KUHMILCH

AUTOREN: SIMONE MAUS, BRITTA-MAREI LANZENBERGER
FOTOS: STUDIO L'EVEQUE

Inhalt

Hauptgerichte – mit Fleisch

Hauptgerichte – mit Fisch

Beilagen, Saucen & Dips

Süße Gerichte

Kuchen, Torten & Gebäck

ZUM NACHSCHLAGEN

Laktoseintoleranz –

Leben ohne Milchzucker

Jeder siebte Deutsche verträgt nach aktuellen Schätzungen keinen Milchzucker und keine Milchprodukte. Tendenz steigend.

Haben auch Sie den Verdacht oder bereits die Gewissheit, dass Sie empfindlich auf Milchzucker reagieren? Dann zählen Sie zum überwiegenden Teil der Weltbevölkerung, der keine Milchprodukte verträgt. Wie und warum eine Laktoseintoleranz entsteht, ist nicht eindeutig geklärt. Doch eines ist sicher: Es handelt sich dabei um keine Krankheit und Sie müssen deshalb nicht Ihr ganzes Leben auf den Kopf stellen.
Dieses Buch gibt Ihnen Antworten auf alle wichtigen Fragen und hilft Ihnen bei der Umstellung auf eine laktosefreie Ernährung. Tipps und Tricks zur Lebensmittelauswahl machen Ihnen den Einkauf leichter. Die Rezepte lassen Sie wieder mit Genuss und Freude essen.

Laktose-intoleranz – von der Diagnose zu vielen Fragen

Das Wichtigste am Anfang

Die Laktoseintoleranz ist ein uraltes Phänomen: Bereits 400 Jahre v.Chr. beschreibt Hippokrates schmerzhafte Magen-Darm-Reaktionen nach dem Genuss von Milch und Käse. Weltweit gesehen ist die Milchunverträglichkeit eigentlich ein Normalzustand. Sie ist keine Krankheit und keine Allergie. Und es lässt sich auch mit einer Laktoseintoleranz ohne große Einschränkungen leben. Denn die laktosefreie Ernährung ist keine Diät, sondern eine vielseitige, abwechslungsreiche Ernährungsweise. Sehen Sie ihre Intoleranz als einen positiven Anlass, neue Lebensmittel kennenzulernen und leckere Rezepte auszuprobieren. Damit geben Sie sich selber die Chance auf eine ausgewogene, gesunde Ernährung.

Eine Laktoseintoleranz ist eine Unverträglichkeit durch einen Enzymmangel und keine Allergie, bei der das Immunsystem eingeschaltet wird.

Was ist Laktose?

Laktose ist der lateinische Name für Milchzucker. Chemisch gesehen setzt dieser sich aus zwei Zuckerarten zusammen: dem Traubenzucker und dem eher unbekannten Schleimzucker (Galaktose).
Laktose ist von Natur aus in allen Milcharten vorhanden. In der Muttermilch unterstützt Laktose die Bildung von Nervenzellen und damit auch den Aufbau des Gehirns. Tierische Milch enthält im Vergleich weniger Laktose und dafür mehr Calcium für den schnellen Knochenaufbau. Doch Vorsicht: Milchzucker versteckt sich auch in vielen anderen Nahrungsmitteln!
Damit der Darm den Zweifachzucker aufnehmen (resorbieren) kann, wird im Dünndarm das Enzym Laktase produziert. Laktase zerlegt den Zweifachzucker in seine beiden Bestandteile. Einzeln können beide Zuckerarten die Darmschleimhaut durchdringen und in den Blutkreislauf gelangen.

➤ 1 x 1 des Milchzuckers

Saccharid = Zucker
Disaccharid = Zweifachzucker
Glukose = Traubenzucker
Galaktose = Schleimzucker
Glukose + Galaktose = Laktose
Laktose = Milchzucker
Laktase = Enzym

Was ist eine Laktoseintoleranz?

Produziert der Dünndarm keine oder zu wenig Laktase, so kann die mit der Nahrung aufgenommene Laktose nicht zerlegt werden. Sie gelangt als Zweifachzucker in den Dickdarm. Dort dient sie Bakterien der Darmflora als Nahrung. Dabei entstehen Abbauprodukte, die Beschwerden verursachen.

Beim bakteriellen Abbau von Laktose entstehen im Dickdarm Milchsäure, Essigsäure, Kohlendioxid, Methan und Wasserstoff. Sie sind verantwortlich für Beschwerden wie Blähungen und Durchfall.

Was passiert bei einer Laktoseintoleranz?

Laktose hat die Eigenschaft, Wasser zu binden. Wenn die Laktose nicht zerlegt wird und ungespalten in den Dickdarm gelangt, strömt vermehrt Wasser ein. Gleichzeitig fördern die sauren Abbauprodukte die Darmbewegung. Als Folge entstehen Durchfälle. Zudem blähen die entstehenden Gase den Darm auf und verursachen Blähungen. Die Darmschleimhäute werden geschädigt und die Darmflora gerät aus dem Gleichgewicht. Alle Abbauprodukte können die Darmwände durchdringen und über das Blut in den gesamten Organismus gelangen.

Wer ist von einer Laktoseintoleranz betroffen?

Nur in wenigen Fällen ist eine Laktoseintoleranz angeboren, so dass schon die Säuglinge keine Muttermilch vertragen. Im Alter von etwa zwei Jahren wird die Laktaseproduktion generell schwächer, da nun von der Natur eine Ernährungsumstellung vorgesehen ist.
Während bei Menschen in südlichen Regionen, in Asien und Afrika eine Laktoseintoleranz einsetzt, bleibt die Verträglichkeit in nördlichen Regionen bestehen: 15–25 Prozent der Nordeuropäer sind von einer Laktoseintoleranz betroffen. In den südlichen Ländern sind es 40–70 Prozent der Bevölkerung, in Asien und Afrika fast 100 Prozent. Somit vertragen 75–80 Prozent der Weltbevölkerung keinen Milchzucker. Doch auch in nördlichen Regionen wird die Enzymproduktion mit zunehmendem Alter gedrosselt und die Laktosetoleranz nimmt ab. Durch eine Darmerkrankung kann eine plötzliche Laktoseintoleranz hervorgerufen werden.

➤ Beschwerden

Die Symptome bei Laktoseintoleranz sind unspezifisch und können durchaus auch andere Ursachen haben. Wenn Sie den Verdacht haben, Milchzucker nicht zu vertragen, lassen Sie sich untersuchen. Erst ein Atem-, Blut- oder Belastungstest (siehe Seite 9) bringt Klarheit.

Magen-Darm-Bereich: Übelkeit, Bauchweh, Völlegefühl, Magengrummeln, aufgeblähter Bauch, druckempfindlicher Bauch, Sodbrennen, Aufstoßen, Magendruck, Erbrechen – besonders bei Kindern, Blähungen, Durchfall, Verstopfungen, Unterleibsschmerzen, Darmschmerzen, Koliken.

Allgemeine Symptome: Trockene Schleimhäute (Augen, Mund, Nase), ständiger Kloß im Hals, fettige oder trockene Haut und Haare, schlechter Geschmack im Mund, Mundgeruch, belegte Zunge, Kopfschmerzen oder Migräne, Essstörungen, Heißhungerattacken.

Bei chronischer Belastung: Mangelerscheinungen, erhöhte Infektanfälligkeit (Erkältungen, Entzündungen, Pilze, Warzen), Gelenkschmerzen, Erschöpfungszustände und allgemeine Abgeschlagenheit, Schlafstörungen oder nicht erholsamer Schlaf.

Psychische Beschwerden: Chronische Müdigkeit, Erschöpfung, Stimmungsschwankungen, Konzentrationsschwäche, Depressionen, Introvertiertheit, Hyperaktivität, Lernschwäche, Unruhe, Gereiztheit, Aggressivität, Motivationsmangel, Lust- und Freudlosigkeit.

Diagnose-methoden – vom Verdacht zur Gewissheit

Verdauungsbeschwerden bedeuten nicht nur eine eingeschränkte Lebensqualität, sondern können auch ernsthafte gesundheitliche Folgen haben. Deshalb sollten Sie solche Beschwerden immer ernst nehmen. Ein Laktosetest kann Aufschluss über eine mögliche Intoleranz geben. Bei einer positiven Diagnose muss die Aufnahme von Milchzucker mit der Nahrung konsequent vermieden werden. Hierbei hilft Ihnen dieses Buch mit Antworten auf Ihre Fragen, mit Tipps für den Alltag und zahlreichen Rezepten.

Der lange Weg zur Diagnose

Magen-Darm-Probleme können viele Ursachen haben und die möglichen Beschwerden (siehe S. 7) sind unspezifisch: Sie weisen nicht direkt auf eine Laktoseintoleranz hin, es kommen auch eine Reihe anderer Ursachen in Frage. Häufig spüren die Betroffenen eine Abneigung gegen Milch, erkennen aber keinen direkten Zusammenhang zu ihren Beschwerden. Bei normaler Ernährung fällt der Verdacht auch nicht sofort auf den Milchzucker. Leider werden deswegen zunächst oft psychische Ursachen verantwortlich gemacht. Erst seitdem das Laktoseproblem immer mehr Menschen betrifft, werden die Tests auf eine Unverträglichkeit öfter durchgeführt.

➤ Formen der Laktoseintoleranz

Kongenitaler Laktasemangel = Angeborene Unverträglichkeit. Milchzucker wird bereits im Säuglingsalter nicht vertragen.
Primärer Laktasemangel = Die Milchzuckerverträglichkeit lässt im Laufe des Lebens nach.
Sekundärer Laktasemangel = Vorübergehende oder gänzliche Unverträglichkeit von Milchzucker in Folge einer Erkrankung.

Mögliche Nebenwirkungen

Auf Dauer können Verdauungsbeschwerden die Darmschleimhaut und die Darmflora schädigen. Ein intaktes Immunsystem ist aber auch stark davon abhängig, dass der Darm gesund ist. So fördern chronische Verletzungen der Schleimhaut zusätzlich das Auftreten von Allergien und Abwehrschwäche.
Auch die Nahrung kann dann nicht mehr ausreichend verwertet werden – ein Nährstoffmangel ist die Folge. Erst durch das Meiden von Milchzucker, kann der Darm sich wieder erholen. Je später die Intoleranz erkannt wird, desto mehr Geduld erfordert es, bis Sie beschwerdefrei sind. Tritt trotz laktosefreier Ernährung keine Besserung ein, sollten auch noch andere Auslöser in Betracht gezogen werden.

Calciummangel – ein Risiko?

Das Risiko eines Nährstoffmangels ist bei chronischen Verdauungsbeschwerden sehr viel größer als bei einer Laktoseintoleranz. Generell kann jede einseitige Ernährung zu Calciummangel führen. Die tatsächliche Verwertung des Calciums aus der Nahrung wird von viele Faktoren beeinflusst. Deshalb ist die ausreichende Versorgung mit Calcium nicht alleine von Milchprodukten abhängig. Da Phosphat im Körper der direkte Gegenspieler von Calcium ist, sollten Sie den Phosphatanteil in der Nahrung möglichst gering halten: Verzehren Sie nicht zuviel Fleisch und Wurstwaren und verzichten Sie am besten gänzlich auf Cola-Getränke. Auch ein hoher Eiweißanteil in der Nahrung erhöht den Calciumbedarf. Die Calciumversorgung fördern grüne Gemüsesorten, frische Kräuter, Nüsse und Samen. Spitzenreiter sind Sesamsamen. Verfeinern Sie Ihre Gerichte dewegen nach Belieben mit Sesam – pur oder als »Gomasio«.

➤ Calciumgehalt

100 g Edamer – 800 mg
100 g Sesam – 783 mg
100 g Mandeln – 252 mg
100 g Petersilie (roh) – 245 mg
100 ml Kuhmilch – 120 mg
100 g Fenchel (roh) – 109 mg
100 g Tofu – 105 mg
100 g Brokkoli – 87 mg

Wir stehen noch am Anfang

In einigen Ländern wie England, Amerika oder der Schweiz ist das Thema bereits seit Jahren allgemein bekannt. Sogar für Hund und Katze gibt es laktosefreie Nahrung. In Deutschland aber ist es noch ein Problem, laktosefreie Lebensmittel zu bekommen oder laktosefrei essen zu gehen.

➤ Diagnosemethoden – vom Verdacht zur Gewissheit

Leiden Sie häufig unter Verdauungsbeschwerden, sollten Sie einen Laktosetest durchführen lassen, um abzuklären, ob eine Laktoseintoleranz die Ursache ist.
Beim **H2-Atemtest** wird nach der Einnahme von 50 Gramm in Wasser gelöstem Milchzucker die Menge des Wasserstoffs im Atem gemessen. Kann der Dünndarm den Milchzucker nicht verarbeiten, so gelangt er in den Dickdarm, wo er Bakterien als Nahrung dient. Dabei wird Wasserstoff freigesetzt, der über die Lunge abgeatmet wird. Über einen Zeitraum von drei Stunden werden regelmäßig Atemproben ausgewertet. Erhöht sich der Anteil an Wasserstoff, so ist dies ein Zeichen für eine Laktoseintoleranz. Der Atemtest ist sehr sicher. Nur bei einem sehr geringen Anteil Betroffener wird trotz Enzymmangels kein Wasserstoff produziert.
Beim **Blut- oder Belastungstest** wird nach der Einnahme von Milchzucker der Blutzuckeranstieg gemessen. Kann der Milchzucker im Dünndarm nicht verarbeitet werden, so gelangt nur ein kleiner Teil als Glukose in die Blutbahn: Ein geringer Anstieg der Glukosewerte im Blut weist auf eine Laktoseintoleranz hin. Über einen Zeitraum von drei Stunden werden regelmäßig Blutproben entnommen. Der Belastungstest ist aufgrund der häufigen Blutentnahmen nicht empfehlenswert. Für Kinder ist er ungeeignet.
Werden diese Laktosetests von einem Arzt oder ambulant in einer Klinik durchgeführt, tragen die Krankenkassen die Kosten. Die Kosten anderer Diagnosemethoden oder eines Heilpraktikers müssen selber übernommen werden.

Typische und untypische Symptome

Beschwerden erkennen und richtig reagieren

Warum habe ich eine Laktoseintoleranz entwickelt?

Weltweit gesehen vertragen etwa 75 Prozent der Menschen keine Milchprodukte. Nur in den nördlichen Ländern ist die Laktoseintoleranz eine Ausnahme. Doch auch hier nimmt die Laktoseintoleranz immer mehr zu. Naheliegender wäre also die Frage, warum manche Menschen Milchprodukte beschwerdefrei genießen können.

Warum nimmt die Laktoseintoleranz in der Bevölkerung zu?

Dafür kommen verschiedene Gründe in Frage: Die Verdauung ist durch eine Fehlernährung überfordert. Darüber hinaus nehmen Allergien und Unverträglichkeiten durch Umweltbelastungen allgemein zu. Gleichzeitig sind die Menschen besser informiert und bei Beschwerden wird eher ein Laktosetest durchgeführt.

Ist Laktoseintoleranz genetisch veranlagt, kann sie vererbt werden?

Die genetische Veranlagung für Laktoseintoleranz kann mittlerweile festgestellt werden, unklar bleibt jedoch, ob sie dann auch tatsächlich ausbricht. Welche Faktoren dies begünstigen, konnte bis jetzt nicht eindeutig geklärt werden. Die allgemeine Zunahme von Unverträglichkeiten und Allergien lässt auf einen Einfluss von Umweltbelastungen schließen.

Welche Beschwerden sind typisch für eine Laktoseintoleranz?

Eine Milchzucker-Unverträglichkeit macht sich zuerst durch Verdauungsbeschwerden bemerkbar. Die bei Laktoseintoleranz gestörte Verdauung kann auch untypische Beschwerden nach sich ziehen. Auf Seite 7 sind die allgemeinen Symptome beschrieben, die häufig mit anhaltenden Verdauungsbeschwerden einher gehen.

Kann sie auch Ursache für psychische Beschwerden sein?

Chronische Müdigkeit und Erschöpfung, Konzentrationsschwäche und Depressionen können durch eine Laktoseintoleranz ausgelöst oder verstärkt werden. Hyperaktivität, Lernschwäche, Unruhe, Gereiztheit und Motivationsmangel haben möglicherweise auch bei Kindern ihre Ursache in einer Laktoseintoleranz. Es sollten aber immer auch andere Auslöser in Betracht gezogen werden.

Warum habe ich mal mehr, mal weniger Beschwerden?

Sowohl Ihre seelische wie auch Ihre körperliche Verfassung übt Einfluss darauf aus, wie stark die jeweiligen Symptome ausgeprägt sind. Nicht nur die Menge des konsumierten Milchzuckers, sondern auch die Zusammenstellung der Speisen, Tageszeit und Umstände der Nahrungsaufnahme beeinflussen die Verträglichkeit.

Können diese Symptome langfristig zu ernsthaften Gesundheitsstörungen führen?

Chronisch anhaltende Verdauungsbeschwerden sind nicht nur lästig, sondern bringen auch das Risiko einer mangelnden Versorgung mit Vitaminen und Mineralien mit sich. Diese kann ernsthafte Störungen zur Folge haben. Gleichzeitig schwächt eine gestörte Darmflora das Immunsystem und begünstigt Allergien.

Bei welchen Beschwerden sollte ich unbedingt zum Arzt gehen?

Ist Ihr Allgemeinbefinden nachhaltig in Mitleidenschaft gezogen und fühlen Sie sich einfach nicht mehr wohl in Ihrer Haut, so sollten Sie den Ursachen dafür auf den Grund gehen. Ein Laktosetest (siehe Seite 9) kann den Verdacht auf eine Laktoseintoleranz abklären. Mit Hilfe eines Arztes können eventuelle organische Ursachen ausgeschlossen werden.

Bleibt eine Laktoseintoleranz ein Leben lang bestehen?

Der Enzymmangel als Auslöser einer Laktoseintoleranz kann nach derzeitigem Erkenntnisstand nicht rückgängig gemacht werden. Die Beschwerden lassen jedoch nach, wenn Milchzucker konsequent vermieden wird. Hat der Darm dadurch die Möglichkeit sich zu erholen, so kann sich die individuelle Toleranz etwas verbessern.

Laktoseintoleranz im Griff – so helfe ich mir selbst

Wenn die Ursachen für Ihre Verdauungsbeschwerden erst einmal erkannt sind, ist das für Sie eine große Erleichterung. Doch nun kommt die Herausforderung, ohne große Einschränkungen mit der Laktoseintoleranz zu leben. Und was in anderen Ländern ganz normal ist, stellt bei uns ein Problem dar, denn bei uns werden sehr viele Milchprodukte konsumiert.
Was die Sache noch schwieriger macht: Seit einigen Jahren wird der isolierte Milchzucker zahlreichen Nahrungsmittel zugesetzt.

Übung macht den Meister

Mit Geduld und etwas Übung werden Sie die anfänglichen Unsicherheiten leicht in den Griff bekommen. Führen Sie zu Beginn eine laktosefreie Woche durch, eine Anregung finden Sie in der vorderen Umschlagklappe. So werden Sie schnell merken, wie gut Ihnen diese Ernährung bekommt. Und danach?
Bei einer absoluten Laktoseintoleranz ernähren Sie sich auch anschließend gänzlich laktosefrei. Die abwechslungsreichen Rezepte werden Ihnen die Umstellung erleichtern.
Bei einer eingeschränkten Laktoseintoleranz können Sie kleinere Mengen Milchprodukte probieren, nachdem sich Ihre Beschwerden gebessert haben. Achten Sie jedoch immer auf Ihre Reaktionen und verzichten Sie lieber auch auf laktosearme Lebensmittel, wenn Sie merken, dass Sie Ihnen nicht bekommen.

Der richtige Einkauf

Achten Sie beim Einkauf von Lebensmitteln darauf, sich nur für laktosefreie Produkte zu entscheiden. Hier und auf den folgenden Seiten finden Sie Tipps, die Ihnen beim Einkauf helfen werden. Bei frischen, unverarbeiteten Lebensmitteln wie Obst und Gemüse, Getreide, Nudeln und Reis sind Sie immer auf der sicheren Seite. Kombinieren Sie die Grundnahrungsmittel mit Alternativen zu Milchprodukten (siehe Seite 20/21). Und am besten bereiten Sie oder Ihr Partner die Speisen selber zu, so wissen Sie immer, was Sie zu sich nehmen.
Bei Fertiggerichten oder Mischungen können Sie sich genau über die Zutaten informieren, indem Sie die Deklaration studieren. Allerdings können Sie nur bei Volldeklarationen sicher sein, dass tatsächlich alle Zutaten aufgelistet sind (siehe auch Seite 16). Diese finden Sie aber in der Regel nur auf Produkten aus dem Reformhaus oder Bioladen.
Einige Hersteller bieten Listen laktosefreier Produkte im Internet an oder sie können dort angefordert werden. Möchten Sie auf Fertiggerichte ohne Volldeklaration nicht verzichten, so testen Sie die Verträglichkeit vorsichtig aus.
Unverpackte Lebensmittel wie Backwaren oder Wurstwaren müssen ebenfalls Angaben über die Zutaten aufweisen. Sind diese nicht sichtbar angebracht, fragen Sie nach und lassen Sie sich die Liste aushändigen. Ein Kunden orientierter Bäcker oder Metzger hat Verständnis und

wird sich freuen, wenn Sie sich für seine Lebensmittel interessieren. Verwendet er allerdings Fertigmischungen, so wird er selber nicht genau über die Zusammensetzung seiner Produkte informiert sein.

Selberkochen ist nicht immer möglich

In der Kantine, im Restaurant oder bei Einladungen wird die Speiseauswahl schon schwieriger. Eine höfliche Frage nach den Zutaten wird Ihnen überall gerne beantwortet werden. Achten Sie jedoch immer auf die Zuverlässigkeit der Antwort. Im Zweifelsfall verzichten Sie zugunsten Ihres Wohlbefindens, auch wenn es schwer fällt. Bei privaten Einladungen machen Sie den Gastgeber am besten schon im Vorfeld auf Ihr Problem aufmerksam, damit er nicht enttäuscht ist, wenn seine Kochkünste bei Ihnen nicht ankommen.

Hungerfehlern vorbeugen

Wenn Sie zwischendurch der kleine Hunger überfällt, sind Geschick und Planung gefragt. Schnell werden Sie merken, dass fast alle typischen Zwischenmahlzeiten Milchzucker enthalten. Und da kann Ihre Vernunft dem Hunger schon einmal unterliegen. Beugen Sie solchen »Hungerfehlern« deswegen vor, so gut es geht, und nehmen Sie bei Ausflügen, zum Einkaufsbummel oder Museumsbesuch immer einen kleinen Proviant mit – Reiswaffeln, Fruchtschnitten oder Obst bieten sich hier an.
Auch im Rezeptteil finden Sie viele Gerichte, die eine Zwischenmahlzeit oder das Kantinenessen ersetzen können. Abends vorgekocht und am nächsten Tag in ein gut verschließbares Behältnis gefüllt, sind sie eine vollwertige – und ganz sicher milchzuckerfreie – Verpflegung.

Outen Sie sich!

Immer mehr Menschen leiden unter einer Laktoseintoleranz. Manchen Menschen mit Beschwerden können Sie helfen, indem Sie in Ihrer Kantine oder im Lieblingsrestaurant auf die Möglichkeit einer Intoleranz aufmerksam machen. Viele Köche sind für eine Anregung dankbar und vielleicht kommt das laktosefreie Gericht auch bei den Kollegen oder anderen Gästen gut an. Eine positive und selbstbewusste Einstellung zur Laktoseintoleranz ist der beste Schritt zum Wohlbefinden.

Milchzucker entdecken und vermeiden –

beschwerdefrei leben im Alltag

Wie erkenne ich, ob ein Lebensmittel Laktose enthält?

Prüfen Sie bei abgepackten Lebensmitteln anhand der Deklaration die Inhaltsstoffe. Auch bei den meisten unverpackten Lebensmitteln müssen die Inhaltsstoffe angegeben werden. Sind diese nicht sichtbar angebracht, so fragen Sie nach. Hinter welchen Namen sich Milchzucker verstecken kann, erfahren Sie auf Seite 16.

Was heißt laktosearme bzw. laktosefreie Ernährung?

Eine Ernährung, die keinerlei Milchzucker enthält, nennt man laktosefrei. Eine laktosearme Ernährung kann geringe Mengen Milchzucker enthalten. Da die Verträglichkeit individuell variiert und auch von der Tagesverfassung abhängig ist, sollten Sie Milchzucker bei einer Laktoseintoleranz möglichst konsequent vom Speiseplan streichen.

Wie schnell kann eine Besserung eintreten?

Eine Verbesserung des Befindens stellt sich häufig bereits nach einer laktosefreien Woche ein. Konnte die Laktoseintoleranz jedoch erst nach längerer Zeit entdeckt werden, so wird der Körper dementsprechend mehr Zeit benötigen, um sich zu erholen. Haben Sie Geduld und bedenken Sie, dass Beschwerden, die seit langem bestehen, nicht von einem Tag auf den anderen verschwinden können.

Was sind Laktasemittel und helfen sie wirklich?

Laktasepräparate in Form von Pulver, Kapseln oder Tabletten sollen das fehlende körpereigene Enzym ersetzen und so helfen, milchzuckerhaltige Lebensmittel zu verdauen. Sie werden mit dem Essen eingenommen oder vorher darin aufgelöst. Eine ideale Dosierung ist allerdings nahezu unmöglich (siehe auch Seite 17).

Kann ich weiterhin in der Betriebskantine essen?

Großküchen verwenden in der Regel Fertigprodukte, die meist Milchzucker enthalten. Nur bei Salaten, Obst und Gemüse, Reis oder Nudeln ohne Dressing oder Saucen können Sie davon ausgehen, dass kein Milchzucker enthalten ist. Am sichersten ist es jedoch, wenn Sie Ihre Verpflegung von zu Hause mitnehmen. Sprechen Sie doch den Koch einmal auf diese Problematik an, möglicherweise kann ja ein laktosefreies Gericht angeboten werden.

Was kann ich im Restaurant bestellen?

Vielleicht kennen Sie in Ihrem Lieblingsrestaurant ein paar Gerichte, die Sie bereits ausprobiert haben und gut vertragen. Dann sollten Sie Experimente vermeiden. Bereitet der Koch alle Gerichte aus frischen Einzelzutaten zu, so kann er Ihnen über die Inhaltsstoffe Auskunft geben und sich auch auf Ihre Bedürfnisse einstellen. Wenn Sie asiatisches Essen lieben, sind Sie auf der sicheren Seite – hier wird traditionell auf Milchzucker verzichtet.

Wie soll ich mich bei Einladungen verhalten?

Bei einer privaten Einladung besteht vielleicht die Möglichkeit, den Gastgeber um ein laktosefreies Gericht zu bitten. Werden ein Buffet oder mehrere Gerichte angeboten, können Sie für sich auf eine milchzuckerfreie Auswahl achten. Sollte beides nicht möglich sein, so können ausnahmsweise Laktasepräparate helfen.

Muss ich mit Mangelerscheinungen rechnen?

Wenn Sie sich ausgewogen ernähren ist nicht mit Mangelerscheinungen zu rechnen: Frische Lebensmittel und eine schonende Zubereitung sind die beste Garantie für eine nährstoffreiche Ernährung. Zusätzlich können Sie auf calciumreiche Alternativen achten. In dieser Hinsicht bieten sich Sojaprodukte, Gemüse, frische Kräuter, Sesam und Nüsse an. Ebenso wichtig sind Bewegung und Tageslicht.

Vertrage ich Molkeprodukte für die äußerliche Anwendung?

Kosmetische Molkeprodukte wie Cremes oder Badezusätze werden auch bei einer Laktoseintoleranz vertragen. Der enthaltene Milchzucker gelangt bei einer äußerlichen Anwendung nicht in den Darm und wird keine Beschwerden auslösen.

Laktosefrei genießen im Alltag –

Ernährung ohne Laktose

Wichtigste Regel bei einer Laktoseintoleranz: Die Zutatenliste lesen!
Seine Eigenschaften machen den Milchzucker in der Nahrungsmittelindustrie so beliebt: Er bindet Wasser, verleiht ein angenehmes Kaugefühl, entwickelt beim Backen eine bräunende Wirkung, stabilisiert Eiweiß, verbessert die Eigenschaften von Zuckerlösungen und dient als preisgünstige Trägersubstanz.
Deswegen findet sich Milchzucker nicht nur in Milchprodukten, sondern auch in Nahrungsmitteln, in denen wir ihn gar nicht erwarten. Er wird immer mehr Nahrungsmitteln zugesetzt. Dabei versteckt Milchzucker sich häufig hinter anderen Namen, was die Suche nach ihm nicht einfacher macht.

➤ Vorsicht, Milchzucker!

Milchzucker versteckt sich hinter vielen Begriffen: Laktose, Lactose, Lactosemonohydrat, Milchzucker, Milch(-pulver), Vollmilch(-pulver), Magermilch(-pulver), Molke(-npulver), Süßmolke(-npulver), Sauermolke(-pulver), entrahmte Milch, Molkenerzeugnisse, Rahm, Sahne(-pulver), süße Sahne, saure Sahne, Butter, Zuckerstoffe.
Unbedenklich sind hingegen: Milcheiweiß, Milchsäure, Milchsäurebakterien, milchsauer vergorene Produkte, Laktat, Lactat, Stärke, Verdickungsmittel, Bindemittel, Backmittel.

Sobald eine dieser Bezeichnung für Milchzucker in der Zutatenliste auftaucht, heißt es Finger weg von dem Produkt. Doch die Deklaration eines Nahrungsmittels verrät nicht immer die ganze Wahrheit: Enthält es eine Zutat, die aus mehreren Zutaten zusammengesetzt ist, und machen diese weniger als 25 Prozent aus, müssen sie nicht einzeln aufgeführt werden. Welche Inhaltsstoffe sich alle hinter einer »Fruchtzubereitung« oder einer »Gewürzmischung« verbergen, bleibt unklar. Nur unter der eindeutigen Überschrift »Volldeklaration« werden tatsächlich alle Zutaten aufgelistet.
Das Lesen der Zutatenliste ist also notwendig, aber nicht immer sicher. Auch hier gilt: nur die Zubereitung in der eigenen Küche aus frischen, unverarbeiteten Lebensmitteln garantiert die Milchzuckerfreiheit.

Die Mischung macht's

Die Verträglichkeit kleiner Mengen Milchzucker ist auch von der Zusammenstellung der Speisen abhängig. Werden Milchprodukte gleichzeitig mit anderen Lebensmitteln verzehrt, so belastet die Mischung den Darm weniger, als wenn sie alleine gegessen werden.
Sauermilchprodukte wie Joghurt werden häufig vertragen, da die Joghurtbakterien den enthaltenen Milchzucker bereits teilweise abgebaut haben. Dasselbe gilt für Sauermilchkäse. Ihm wurde zusätzlich während der Herstellung Molke entzogen, die große Mengen Laktose enthält.

Trotzdem sollte die Verträglichkeit immer individuell ausgetestet und beobachtet werden. Auch bei anfänglicher Beschwerdefreiheit kann ein übermäßiger Verzehr den Darm belasten und sich eine Empfindlichkeit wieder langsam verstärken.

Nur im Notfall: Laktasepräparate

Ist kein ganz milchzuckerfreies Essen möglich, können ausnahmsweise Laktasemittel eingenommen werden, um Beschwerden vorzubeugen. Sie sollen das fehlende Enzym im Darm ersetzen. Da sie als Fremdstoffe in körpereigene Regulierungssysteme eingreifen, ist eine ständige Anwendung nicht empfehlenswert. Und da Sie nie genau wissen, welche Menge Milchzucker Sie mit einem Essen zu sich nehmen, und wie viel des Enzympräparats Sie für eine beschwerdefreie Verdauung benötigen, ist die richtige Dosierung schwierig und individuell verschieden. Im Notfall können sie jedoch hilfreich sein. Achten Sie bei Ihrem Mittel auf möglichst wenige Zusatzstoffe.

➤ Vorsicht, hier ist Milchzucker enthalten

Die meisten **Süßwaren** wie Schokolade, Sahne- und Karamellbonbons, Nougat, Nuss-Nougat-Creme, Pralinen, diverse Riegel, Eiscreme und Kaubonbons enthalten Milchzucker.
Er versteckt sich auch in vielen **Backwaren** wie Knäckebrot, Zwieback, Kräckern, Keksen, Milchbrötchen, Kuchen und fertigen Backmischungen.
Instant-Erzeugnisse wie Kartoffelpulver, Suppen, Soßen, Cremes sollten gemieden werden.
Fertiggerichte wie Konserven, Tiefkühlgerichte, Fertigmenüs und Fastfood sollten aufgrund ihres Milchzucker-Risikos völlig vom Speisezettel gestrichen werden.
Sogar **Fleisch- und Wurstwaren** können Milchzucker enthalten. Auch Margarine, Salatsaucen und Gewürzmischungen wird er häufig zugesetzt. Kaffeeweißer und Cremeliköre kommen ohne Laktose gar nicht aus, und Laktose bildet die Grundsubstanz vieler Tabletten.

Milchzuckerreiche Lebensmittel	Milchzuckerarme Lebensmittel	Milchzuckerfreie Lebensmittel
Milch, Molke	Joghurt	Frisches Obst
Quark, Frischkäse	Reifer Schnittkäse	Frisches Gemüse
Schokolade	Sauermilch-erzeugnisse	Getreide, Brot (i.d.R.)
Sahne	Butter	Fleisch, Fisch, Geflügel
Milchspeiseeis		Eier
Kondensmilch		Zucker, Honig, Konfitüre
Säuglingsmilch-nahrung (i.d.R.)		Kartoffeln, Reis, Nudeln

Laktosefreie Ernährung in der Praxis – keine Probleme mit der Ernährungsumstellung

Wie stelle ich mich am besten auf eine laktosefreie Ernährung ein?

Mit einer laktosefreien Diät haben Sie die Chance, sich bewusst gesund zu ernähren. Frische und möglichst unverarbeitete Lebensmittel garantieren Ihnen eine laktosefreie Ernährung. Mit unseren Rezepten lernen Sie ganz einfach die Zubereitung von leckeren, laktosefreien Gerichten.

Darf ich meinen Kaffee mit Milch trinken?

Reagieren Sie schon auf geringe Mengen Milchzucker mit Beschwerden, sollten Sie auch auf die Milch im Kaffee verzichten. Milchweißer ist keine Alternative, da hier Milchzucker versteckt ist! Verwenden Sie Sojamilch oder Kaffeesahne auf Sojabasis.

Kann ich weiterhin Müsli zum Frühstück essen?

Müsli können Sie wie gewohnt frühstücken. Kontrollieren Sie aber sicherheitshalber die Inhaltsangaben Ihrer Müslimischung, ob auch wirklich kein Milchzucker – z. B. im Schokomüsli – versteckt ist! Ersetzen Sie die Milch durch Alternativen auf Soja- oder Getreidebasis oder Fruchtsaft. Auch Soja-Joghurt ist eine schmackhafte Bereicherung.

Kann ich Brot und Brötchen unbeschwert genießen?

Auch Backwaren können Milchzucker enthalten. Das Risiko ist bei industriell gefertigten Produkten größer als beim Bäcker um die Ecke. Lesen Sie die Inhaltsangaben, informieren Sie sich beim Hersteller oder fragen Sie den Bäckermeister. Möchten Sie auf Nummer sicher gehen, sollten Sie Ihre Brötchen selber backen.

Muss ich auf Kuchen oder Süßigkeiten grundsätzlich verzichten?

Kuchen und Torten mit Creme oder Sahne sieht man den Milchzucker auf den ersten Blick an. Doch auch Waffeln, Kleingebäck und Kekse enthalten häufig Milchzucker. Deshalb sollten Sie sich nur bei Selbstgebackenem eine Ausnahme erlauben. Süßigkeiten sind in der Regel kleine Milchzuckerbomben. Eine Ausnahme sind Halb- und Zartbitterschokolade.

Sind meine Lieblingsspeisen jetzt tabu?

Wenn sie Milchzucker enthalten, ja. Allerdings können bei den meisten Speisen milchzuckerhaltige Bestandteile durch Alternativen auf Soja- oder Getreidebasis ersetzt werden. Der Geschmack verändert sich dadurch nur gering.
Im Restaurant oder bei Fertiggerichten müssen Sie aber das milchzuckerhaltige Lieblingsessen gegen ein besser verträgliches tauschen.

Was passiert, wenn ich ab und zu Fastfood esse?

Fastfood enthält neben vielen anderen Zusatzstoffen häufig auch Milchzucker. Prüfen Sie bei Fertig- und Teilfertiggerichten, die Sie selber zubereiten, die Inhaltsangaben ganz genau. Im Fastfood-Restaurant oder Imbiss besteht diese Möglichkeit nicht. Deshalb sollten Sie generell auf ein Essen dort verzichten.

Stimmt es, dass ich Joghurt und Käse weiterhin essen kann?

Sauermilchprodukte enthalten Milchsäurebakterien, die einen Großteil des enthaltenen Milchzuckers so verändern, dass diese Produkte auch bei einer Laktoseintoleranz besser verträglich sind. Durch verschiedene Herstellungsarten enthält Sauermilchkäse geringere Anteile an Milchzucker als Süßmilchkäse. Die Verträglichkeit muss jedoch immer individuell getestet werden!

Was soll ich tun, wenn in meinem Medikament Laktose enthalten ist?

Viele Medikamente basieren auf Milchzucker als Füllstoff oder Trägersubstanz. Die Menge ist jedoch so gering, dass es nur bei einer extremen Empfindlichkeit zu Beschwerden kommen kann. Machen Sie trotzdem Ihren Arzt darauf aufmerksam, so dass er eventuell nach einer laktosefreien Alternative suchen kann. Homöopathische Globuli werden auf Basis von Saccharose hergestellt und sind unbedenklich.

Alles ohne Milchzucker –

ohne Milch und Sahne kochen und backen

Milch und Milchprodukte: Leider genügt es nicht, sie vom Speiseplan zu streichen, denn sie sind auch in vielen Nahrungsmitteln versteckt, denen man es gar nicht ansieht. Denn Milchzucker verleiht den Nahrungsmitteln ein angenehmes Kaugefühl, entwickelt beim Backen eine bräunende Wirkung und stabilisiert das Eiweiß. Milchzucker ist fast allen Fertig- und Halbfertigprodukten zugesetzt, ohne dass dies in jedem Fall gekennzeichnet sein muss.

Brotaufstriche auf der Basis von Sonnenblumenkernen gibt es in den verschiedensten Geschmacksrichtungen (z.B. von ibi, Zwergenwiese oder Bruno Fischer). Sie eignen sich auch zum Binden von Saucen und zum Anmachen von Salatdressings. In ihrer puren Variante können sie Mayonnaise ersetzen.

Haferdrink wird wie Reisdrink durch Wässern und Klopfen der ganzen Körner gewonnen. Er ist als 1-Liter-Packung in Bioladen, Reformhaus oder Drogerie erhältlich. **Hafersahne** eignet sich zum Verfeinern von Speisen, für Backteige oder Desserts. Sie ist in kleinen Tetrapacks im Bioladen erhältlich.

Kokosmilch ist die süßlich Flüssigkeit aus dem Inneren der Kokosnuss. Sie eignet sich ebenso wie Kokoscreme für süße und exotische Gerichte. Beide können zum Abschmecken von Saucen, Suppen und Wokgerichten verwendet werden. Milch und Creme finden Sie in asiatischen Lebensmittelgeschäften und gut sortierten Bioläden und Supermärkten.

Laktosereduzierte Milchprodukte enthalten nur noch einen geringen Anteil Milchzucker. Durch Zugabe von Laktase wurde er vorab in seine zwei Bestandteile gespalten. Diese Milchprodukte sind etwas süßer als gewöhnlich. Milch, Sahne, Joghurt und Schokolade werden in einigen Supermärkten als laktosereduzierte Alternativen angeboten.

Mandeldrink wird aus Mandeln gewonnen und ist deshalb etwas teurer als andere Drinks. Dafür wartet er mit einem nussigen Geschmack und vielen Nährstoffen auf. Mandeldrink können Sie aus Mandeln oder Mandelmus selber herstellen, er wird aber auch fertig in Bioladen oder Reformhaus angeboten. Er eignet sich für Desserts, Obstsalate oder Müsli.

Reisdrink wird durch Wässern der Reiskörner und Ausklopfen der Stärke hergestellt. Die milchig-weiße Flüssigkeit wird mit Pflanzenöl und Vanille verfeinert. Durch seinen leicht süßlichen Geschmack eignet er sich für gut Desserts. Reisdrink erhalten Sie im 1-Liter-Pack in Bioladen, Reformhaus oder Drogerie.

Sojadrink ist die gängigste Alternative zu Milch. Aus Sojabohnen gewonnen wird er pur oder in den Geschmacksrichtungen Vanille, Schoko, Erdbeere oder mit Calcium angereichert angeboten. Sojadrink ist vielseitig verwendbar. Im Tetrapack oder in der Flasche ist er in Bioladen, Reformhaus, Supermarkt oder in der Drogerie erhältlich.

Sojasahne oder **Sojacreme** bietet sich als Ersatz zu Crème fraîche an. Auch als Kaffeesahne oder als Schlagsahne unter Verwendung von Sahnesteif gibt es sie mittlerweile. **Sojadesserts** als Joghurtalternative und **Pudding** in den verschiedensten Geschmacksrichtungen runden das Angebot in Bioladen, Reformhaus oder auch Supermarkt ab.

Laktosefrei – kochen, backen und genießen

Hatten Sie bisher noch Schwierigkeiten, mit Milchersatzprodukten und milchzuckerfreien Alternativen leckere Gerichte zu kochen? Dann lassen Sie sich jetzt einfach von den leckeren Rezeptideen auf den folgenden Seiten verführen.

Alle Gerichte sind garantiert laktosefrei, unkompliziert zuzubereiten und schmecken einfach gut. Bei Produkten, die unter Umständen Milchzucker enthalten könnten, sollten Sie beim Einkauf die Zutatenliste studieren (z. B. Margarine und Mayonnaise).

Genießen Sie ohne Bedenken: Die Suppen, Salate, Vorspeisen und kleinen Gerichte, die Beilagen, Dips, Saucen und Aufstriche, viele süße Köstlichkeiten sowie die Hauptgerichte werden Sie, Ihre Familie und Gäste schnell überzeugen, dass man auf Milch und Milchprodukte in der Küche gut verzichten kann.

Köstliche Frühstücksideen

11 laktosefreie Muntermacher

Eieraufstrich

FÜR 4 PERSONEN

2 Eier in etwa 8–10 Min. hart kochen und abschrecken. 100 g Salatgurke schälen und längs halbieren. Die Kerne herausschaben und die Gurkenhälften fein hacken. 1 Gewürzgurke vierteln und klein schneiden. Kresse von 1/2 Kästchen abschneiden und waschen. Die Eier pellen. Das Eiweiß ablösen und fein würfeln. 50 g laktosefreie Mayonnaise, 1 TL Dijon-Senf und 100 g Seidentofu mit dem Zauberstab cremig schlagen. Eiweiß-, Gurkenwürfel und Kresse hinzufügen und unterrühren. Mit Salz und Pfeffer abschmecken. Pro Portion: 150 kcal, 5 g Eiweiß, 15 g Fett, 1 g Kohlenhydrate.

TIPP: Der Aufstrich hält 2 Tage im Kühlschrank.

Champignonaufstrich

FÜR 4 PERSONEN

250 g Champignons mit Küchenpapier abreiben, die Stielenden abschneiden und die Champignons klein schneiden. 1 Zwiebel abziehen und fein würfeln. 30 g laktosefreie Margarine in einer Pfanne schmelzen lassen und die Zwiebelwürfel darin glasig dünsten. Die Champignons hinzufügen und etwa 5 Min. zugedeckt unter gelegentlichem Rühren andünsten. Leicht abkühlen lassen. Die Champignons mit 3 EL Sojasahne und 1 EL Zitronensaft pürieren. 1 EL frisch gehackte Petersilie unterrühren und mit Salz, Pfeffer und Muskatnuss würzen. Pro Portion: 85 kcal, 2 g Eiweiß, 8 g Fett, 1 g Kohlenydrate.

TIPP: Mit 1 TL Sherry können Sie den Champignonaufstrich noch verfeinern.

Schokocreme

FÜR 2 GLÄSER

200 g gemahlene Haselnüsse ohne Fett goldbraun rösten. Abkühlen lassen und zu einer cremigen Paste pürieren. 70 g laktosefreie Margarine bei schwacher Hitze schmelzen lassen. Die Nusspaste unterrühren. 100 g Honig, 40 g Kakaopulver und 150 ml Sojasahne darunter rühren. Die Schokocreme mit jeweils 1/4 TL Vanille und Zimt sowie 1 Prise Salz würzen, in 2 verschließbare Gläser füllen und abkühlen lassen. Pro Glas: 1245 kcal, 19 g Eiweiß, 104 g Fett, 57 g Kohlenhydrate.

TIPP: Die Schokocreme hält etwa 2–3 Wochen.

Rosinenbrötchen

FÜR 9 STÜCK

500 g Mehl mit 1 Päckchen Trockenhefe in einer Rührschüssel vermischen. 40 g laktosefreie Margarine in einem kleinen Topf schmelzen lassen. 4 EL Rohrzucker, 1/2 TL Salz, 1 TL Zimt und die Margarine zum Mehl geben und vermischen. 300 ml Sojadrink (mit Calcium) leicht erwärmen, nach und nach mit dem Knethaken unterrühren. Den Teig abgedeckt an einem warmen Ort etwa 30 Min. gehen lassen. Den Backofen vorheizen. Ein Backblech mit Backpapier auslegen. Den Teig noch einmal durchkneten und 80 g Rosinen einarbeiten. Aus dem Teig ca. 9 Brötchen formen und auf das Backblech legen. 1 Eigelb mit 1 EL Sojadrink verrühren und die Rosinenbrötchen damit bestreichen. Im Backofen bei 180° (Mitte, Umluft 160°) ca. 30 Min. goldbraun backen. Pro Portion: 290 kcal, 8 g Eiweiß, 6 g Fett, 54 g Kohlenhydrate.

Möhren-Nuss-Creme

FÜR 4 PERSONEN

100 g Möhren schälen, waschen und klein schneiden. In wenig kochendem Wasser in ca. 20–25 Min. garen, abgießen und abkühlen lassen. 50 g Walnüsse zerkleinern oder mahlen. Möhrenwürfel, 100 g Seidentofu und 1 EL Honig hinzufügen und cremig schlagen. Mit 1/2 TL frisch geriebener Orangenschale und 1 Prise Salz würzen. In ein Glas mit Schraubverschluss füllen. Pro Portion: 115 kcal, 3 g Eiweiß, 9 g Fett, 6 g Kohlenhydrate.

Pancakes

FÜR 16 STÜCK

180 g Weizenmehl, 50 g Sojamehl, 1 1/2 TL Backpulver, 10 g Puderzucker und 1 Prise Salz in einer Schüssel vermischen. 2 Eier mit 300 ml Sojadrink und 1 EL Öl in einer weiteren Schüssel verquirlen. Die Mehlmischung unter die Eicreme rühren.
Den Teig etwa 10 Min. quellen lassen. Etwas Öl in einer großen Pfanne erhitzen. Für jeden Pancake 2 Esslöffel Teig hineingeben. Etwa 4 Pfannkuchen gleichzeitig von beiden Seiten 1–2 Minuten goldbraun backen. Jeweils 4 Pfannkucheen auf einen Teller geben und mit Ahornsirup oder Himbeerquark (siehe Rezept rechts) servieren. Pro Portion: 90 kcal, 4 g Eiweiß, 4 g Fett, 9 g Kohlenhydrate.

Knuspermüsli

FÜR 1 BACKBLECH

200 g Haferflocken, 50 g Kokosnussraspel, 100 g gehackte Mandeln, 50 g Rohrzucker, abgeriebene Schale von 1/2 Orange, je 1/2 TL Zimt und Vanille mischen. Den Backofen vorheizen. 125 g laktosefreie Margarine mit 80 g Honig leicht erwärmen. Die Flüssigkeit unter die Mischung heben. Die Masse auf ein Backblech streichen. Im Ofen bei 175° (Mitte, Umluft 160°) in ca. 10 Min. goldbraun backen, abkühlen lassen und in Stücke brechen. Das Müsli in einem verschlossenen Behälter aufbewahren. Es hält sich etwa 2 Wochen. Pro 100 g: 485 kcal, 8 g Eiweiß, 32 g Fett, 42 g Kohlenhydrate.

TIPP: Sie können das Müsli zusätzlich mit Rosinen und anderen Trockenfrüchten verfeinern.

Apfel-Zimt-Müsli

FÜR 2 PERSONEN

Jeweils 3 EL Haferflocken und Cornflakes in einer Müslischale mischen. 1 Apfel waschen, schälen und grob über die Flockenmischung reiben. 125 g Sojajoghurt mit 8 EL Sojadrink und 2 TL Honig gut verrühren. Mit 1 Prise Zimt würzen und je zur Hälfte über das Müsli gießen. Mit Mandelblättchen bestreuen. Pro Portion: 340 kcal, 10 g Eiweiß, 8 g Fett, 59 g Kohlenhydrate.

TIPP: Das Müsli schmeckt auch sehr lecker mit 2–3 EL frischen Himbeeren oder Heidelbeeren.

Himbeerquark

FÜR 4 PERSONEN

100 g Seidentofu mit 250 g Sojajoghurt cremig schlagen. 200 g Himbeeren durch ein Sieb passieren und das Himbeermus unter die Joghurtmasse rühren. 30 g Puderzucker, 2–3 Tropfen Vanillearoma und 50 g Himbeeren unterheben. Pro Portion: 110 kcal, 6 g Eiweiß, 3 g Fett, 15 g Kohlenhydrate.

Mango-Shake mit frischer Minze

FÜR 2 PERSONEN

1 große oder 2 kleine Mangos (ca. 400 g) schälen und das Fruchtfleisch würfeln. 300 ml Sojadrink, 200 ml Ananassaft, die Mangowürfel, 1 EL frische Minze und 5–6 Eiswürfel in ein hohes Gefäß geben und cremig schlagen. Pro Portion: 155 kcal, 5 g Eiweiß, 3 g Fett, 25 g Kohlenhydrate.

Rooibos-Macchiato mit Vanille

FÜR 2 PERSONEN

400 ml Wasser zum Kochen bringen. 2 Teebeutel Rooibos Vanille mit dem kochenden Wasser übergießen und ca. 8–10 Min. zugedeckt ziehen lassen. Inzwischen 200 ml Sojadrink (mit Calcium) erhitzen und aufschäumen. Den Tee in zwei große Gläser gießen und mit dem Sojadrink begießen. Mit je 1 TL Vanillesirup verfeinern. Pro Portion: 55 kcal, 3 g Eiweiß, 2 g Fett, 7 g Kohlenhydrate.

Kürbiscremesuppe

FÜR 4–6 PERSONEN

1 Hokkaidokürbis (ca. 900 g)
1 Möhre
1 Zwiebel
2 Knoblauchzehen
2 EL Rapsöl
500 ml Gemüsebrühe
400 ml Kokosmilch
1 EL frisch gehackter Ingwer
Saft von 1 Orange
1 EL Ahornsirup
Salz, Cayennepfeffer

ZUBEREITUNGSZEIT ca. 15 Min.
GARZEIT ca. 25 Min.

1. Den Kürbis vierteln, entkernen und waschen. Die Möhre putzen und waschen. Kürbis und Möhre in Würfel schneiden. Zwiebel und Knoblauchzehen abziehen und fein hacken.

2. Das Rapsöl in einem Topf erhitzen. Zwiebel und Knoblauch darin 1 Min. andünsten. Kürbis- und Möhrenwürfel hinzufügen und 2–3 Min. mitdünsten. Mit der Gemüsebrühe ablöschen. Die Kokosmilch und den Ingwer hinzufügen und das Gemüse zugedeckt bei mittlerer Hitze etwa 25 Min. garen, bis es weich ist.

3. Den Orangensaft angießen und das Gemüse mit dem Zauberstab pürieren. Die Suppe mit Ahornsirup, Salz und Cayennepfeffer abschmecken. Falls die Suppe zu dickflüssig ist, noch etwas Gemüsebrühe zugeben.

TIPP

Verfeinern Sie die Suppe mit 2 EL angerösteten Kokosraspeln. Oder träufeln Sie etwas Kürbiskernöl über die Suppe und garnieren Sie sie mit angerösteten Kürbiskernen.

Nährwerte pro Portion:

95 kcal • **1 g** Eiweiß • **4 g** Fett • **11 g** Kohlenhydrate

Zucchinisuppe

FÜR 4 PERSONEN

600 g Zucchini
1 kleine mehlig kochende Kartoffel
1 kleine Zwiebel
1 Knoblauchzehe
3 EL Olivenöl
650 ml Gemüsebrühe
1 TL getrocknete italienische Kräuter
75 ml Sojasahne
Salz, Pfeffer
1 TL frisch gehacktes Basilikum

ZUBEREITUNGSZEIT ca. 15 Min.
GARZEIT ca. 25 Min.

1. Die Zucchini waschen und putzen. Danach vierteln und in Scheiben schneiden. Die Kartoffel schälen, waschen und grob würfeln. Die Zwiebel und die Knoblauchzehe abziehen und fein hacken.

2. Das Olivenöl in einem Topf erhitzen. Die Zwiebel etwa 1 Min. darin andünsten. Die Zucchinischeiben, die Kartoffelwürfel und den Knoblauch dazugeben und ca. 2–3 Min. mitdünsten. Mit der Gemüsebrühe ablöschen. Die Kräuter hinzufügen und die Suppe etwa 25 Min. zugedeckt köcheln lassen.

3. Den Topf vom Herd nehmen und die Suppe mit dem Zauberstab fein pürieren. 50 ml Sojasahne unterrühren, mit Salz und Pfeffer abschmecken.

4. Die Suppe auf vier Suppenteller verteilen, jeweils etwas Sojasahne in die Mitte geben und mit Basilikum bestreut servieren.
Dazu passt Ciabattabrot.

Nährwerte pro Portion:

175 kcal • **3 g** Eiweiß • **13 g** Fett • **10 g** Kohlenhydrate

Kartoffelsuppe

FÜR 4 PERSONEN
700 g mehlig kochende Kartoffeln
150 g Möhren
100 g Knollensellerie
50 g Petersilienwurzel
100 g Lauch
1/2 Bund Petersilie
1/2 Bund Dill
3 EL Rapsöl
1,2 l Gemüsebrühe
2 Lorbeerblätter
1 TL getrockneter Liebstöckel
1 TL getrockneter Majoran
Salz, Pfeffer
frisch geriebene Muskatnuss

ZUBEREITUNGSZEIT ca. 15 Min.
GARZEIT ca. 30 Min.

1. Die Kartoffeln schälen, waschen und grob würfeln. Möhren, Sellerie und Petersilienwurzel putzen, waschen und fein würfeln. Den Lauch putzen, waschen und in Streifen schneiden. Petersilie und Dill waschen, trockentupfen. Blättchen und Spitzen abzupfen und fein hacken.
2. Das Öl in einem Topf erhitzen. Gemüsewürfel und Lauch darin 1–2 Min. dünsten. Die Kartoffelwürfel dazugeben und weitere 3 Min. dünsten. Mit der Gemüsebrühe ablöschen.
3. Lorbeerblätter, Liebstöckel und Majoran zugeben und die Suppe zugedeckt bei mittlerer Hitze 25–30 Min. köcheln lassen.
4. Die Suppe vom Herd nehmen und mit dem Zauberstab so pürieren, dass sie noch Gemüsestücke enthält. Mit Salz, Pfeffer und Muskatnuss würzen. Die frisch gehackten Kräuter dazugeben.

TIPP

Mögen Sie die Kartoffelsuppe etwas herzhafter, dann braten Sie zusammen mit den Gemüsewürfeln eine Scheibe klein gewürfelten Schinkenspeck an. Sie können auch klein geschnittene Würstchen in die fertige Suppe geben.

Nährwerte pro Portion:
250 kcal • **4 g** Eiweiß • **11 g** Fett • **31 g** Kohlenhydrate

Tomatensuppe

FÜR 4 PERSONEN
1 große Dose geschälte Tomaten (800 g Inhalt)
1 Zwiebel
1 EL Olivenöl
750 ml Gemüsebrühe
1 gelbe Paprikaschote
40 g Suppennudeln
1 EL frisch gehackte Petersilie
2 EL frisch gehackter Dill
Salz, Pfeffer
1 EL Zucker

ZUBEREITUNGSZEIT ca. 15 Min.
GARZEIT ca. 30 Min.

1. Die Tomaten mit dem Messer oder einer Gabel grob zerkleinern. Die Zwiebel abziehen und in feine Würfel schneiden. Das Olivenöl in einem Topf erhitzen und die Zwiebelwürfel darin 1–2 Min. andünsten.
2. Die Tomatenstücke mit Tomaten- und Gemüsebrühe hinzufügen. Die Paprikaschote waschen, halbieren, putzen und in kleine Stücke schneiden. Zur Suppe geben und diese zugedeckt etwa 20 Min. köcheln lassen.
3. Die Suppennudeln zugeben und die Suppe weitere 10 Min. köcheln lassen. Die gehackten Kräuter unterrühren und die Tomatensuppe mit Salz, Pfeffer und Zucker abschmecken.

TIPP

Wenn Sie kurz vor dem Servieren noch 3–4 EL Sojasahne unterrühren, erhält jede Suppe einen besonders feinen, cremigen Geschmack.

Nährwerte pro Portion:
165 kcal • **5 g** Eiweiß • **5 g** Fett • **23 g** Kohlenhydrate

American-Dressing

FÜR 4 PERSONEN
100 g laktosefreie Mayonnaise
3 EL Tomatenketchup
6 EL Sojadrink, ungesüßt
1 Spritzer Tabasco
Salz, frisch gemahlener Pfeffer
1 Prise Puderzucker
2 EL frisch gehackte Petersilie

ZUBEREITUNGSZEIT ca. 10 Min.

1. Die Mayonnaise mit dem Tomatenketchup und dem Sojadrink gut verrühren.
2. Das Dressing mit Tabasco, Salz, Pfeffer und 1 Prise Puderzucker abschmecken. Die Petersilie untermischen.

VARIANTE

Wunderbar leicht: Verrühren Sie 50 g Mayonnaise mit 50 g Sojajoghurt natur. Würzen Sie wie beschrieben, dazu mit 1 zerdrückten Knoblauchzehe sowie je 1 EL Petersilie und Schnittlauch, frisch gehackt.

Nährwerte pro Portion:
200 kcal • **1 g** Eiweiß • **20 g** Fett • **4 g** Kohlenhydrate

Apfel-Dressing

FÜR 4 PERSONEN
1/2 Apfel
2 EL Apfelessig
4 EL Walnussöl
1/2 TL Honig
1 TL Dijon-Senf
Salz, Pfeffer

ZUBEREITUNGSZEIT ca. 10 Min.

1. Den Apfel waschen und schälen. Das Kerngehäuse entfernen. Das Fruchtfleisch in sehr feine Würfel schneiden.
2. Den Essig, das Öl, Honig und Senf mit dem Zauberstab cremig rühren. Die Apfelwürfel unterheben, mit Salz und Pfeffer würzen.

TIPP

Sie können das Apfel-Dressing zur Abwechslung auch mit Kürbiskernöl zubereiten. Besonders lecker: Streuen Sie dann geröstete Kürbiskerne über den Salat.

Nährwerte pro Portion:
105 kcal • **0 g** Eiweiß • **10 g** Fett • **4 g** Kohlenhydrate

Cremiger Gurkensalat

FÜR 4 PERSONEN
100 g Seidentofu
1–2 EL Apfelessig
1/2 TL mildes Currypulver
1 TL Senf
1–2 EL Rapsöl, Salz, Pfeffer
1 EL Dillspitzen (nach Belieben)
2 Gurken

ZUBEREITUNGSZEIT ca. 10 Min.

1. Den Tofu mit Essig, Currypulver und Senf mit dem Zauberstab cremig rühren. Das Öl unterschlagen, mit Salz und Pfeffer abschmecken. Die Dillspitzen untermischen.
2. Die Gurken schälen, in sehr feine Scheiben schneiden und unter das Dressing heben.

TIPP

Erfrischender und etwas säuerlich wird das Dressing, wenn Sie es mit 2 EL Essig und 1 EL Öl anrühren, milder und aromatischer dagegen mit 2 EL Öl und 1 EL Essig.

Nährwerte pro Portion:

75 kcal • **3 g** Eiweiß • **5 g** Fett • **5 g** Kohlenhydrate

Avocadoaufstrich

FÜR 4 PERSONEN
1 reife Avocado
2–3 EL Zitronensaft
1 kleine Knoblauchzehe
1 reife Tomate
1 Zweig Basilikum
Salz, frisch gemahlener Pfeffer

ZUBEREITUNGSZEIT 15 Min.

1. Die Avocado halbieren, entkernen und schälen. Das Fruchtfleisch fein zerdrücken und mit 2 EL Zitronensaft verrühren.
2. Die Knoblauchzehe abziehen und fein hacken. Den Stielansatz der Tomate entfernen. Die Tomate kurz mit kochendem Wasser überbrühen, häuten, die Kerne entfernen und das Fruchtfleisch fein würfeln. Die Basilikumblätter abzupfen und fein hacken.
3. Knoblauch, Tomaten und Basilikum unter das Avocadomus mischen. Mit Zitronensaft, Salz und Pfeffer abschmecken.

Nährwerte pro Portion:

60 kcal • **1 g** Eiweiß • **6 g** Fett • **1 g** Kohlenhydrate

Kartoffelsalat mit Avocado und Shrimps

FÜR 4 PERSONEN

700 g fest kochende Kartoffeln
1 Frühlingszwiebel
4 EL Zitronensaft
2 TL Dijon-Senf (ersatzweise 1 TL mittelscharfer Senf)
1 TL Ahornsirup (ersatzweise Honig)
5 EL Olivenöl
Salz, Pfeffer
1 große reife Avocado
250 g Shrimps
8 Salatblätter

ZUBEREITUNGSZEIT ca. 50 Min.

RUHEZEIT ca. 15 Min.

1. Die Kartoffeln waschen, zugedeckt in Salzwasser in etwa 25 Min. gar kochen. Die Kartoffeln abgießen und abkühlen lassen. Schälen und in Scheiben schneiden. Die Frühlingszwiebel putzen, waschen, in feine Ringe schneiden und mit den Kartoffeln in einer Schüssel mischen.
2. Den Zitronensaft mit Senf, Ahornsirup und Öl zu einem cremigen Dressing verrühren, mit Salz und Pfeffer abschmecken. Das Dressing locker unter die Kartoffeln mischen und den Salat 15 Min. zugedeckt kalt stellen.
3. Die Avocado halbieren, aus der Schale lösen und den Kern entfernen. Die Avocadohälften mit 1 TL Zitronensaft beträufeln, damit sie nicht braun werden. Längs in je 3 Spalten schneiden und die Spalten quer in Scheiben schneiden.
4. Die Avocadoscheiben und die Shrimps zu den Kartoffeln geben und vorsichtig unterheben. Mit Salz und Pfeffer abschmecken. Die Salatblätter waschen und trockenschleudern. Den Kartoffelsalat darauf anrichten und mit Baguette servieren.

Nährwerte pro Portion:

375 kcal • **17 g** Eiweiß • **23 g** Fett • **23 g** Kohlenhydrate

Klassisches Dressing für Kartoffelsalat

FÜR 4 PERSONEN

180 g laktosefreie Mayonnaise
2 TL Dijon-Senf (ersatzweise mittelscharfer Senf)
150 ml Gemüsebrühe
3 EL Gurkensaft (von Gewürzgurken)
1 TL Ahornsirup (ersatzweise Honig)
Salz, Pfeffer
1/2 Bund Schnittlauch
1/2 Bund Dill

ZUBEREITUNGSZEIT ca. 15 Min.

1. Die Mayonnaise mit dem Senf verrühren. Die Gemüsebrühe und den Gurkensaft nach und nach hinzufügen. Zu einem glatten Dressing verrühren. Mit Ahornsirup, Salz und Pfeffer würzen.
2. Den Schnittlauch und den Dill waschen und trockentupfen. Den Schnittlauch in Röllchen schneiden. Die Dillspitzen abzupfen und fein hacken. Mit den Schnittlauchröllchen unter das Dressing mischen.

VARIANTE

Mischen Sie 100 g laktosefreie Mayonnaise mit 80 g Sojajoghurt natur. Würzen Sie das Dressing mit etwas Kräuteressig anstelle von Gurkensaft und geben Sie statt Schnittlauch und Dill 1 Kästchen Kresse sowie 2 hart gekochte, fein gewürfelte Eier unter die Kartoffelscheiben.

Nährwerte pro Portion:

345 kcal • **1 g** Eiweiß • **36 g** Fett • **5 g** Kohlenhydrate

Krabbencocktail

FÜR 4 PERSONEN
300 g Shrimps
125 g laktosefreie Mayonnaise
2 EL Tomatenketchup
3 TL Tomatenmark
2 EL Wasser
2 TL Sherry (ersatzweise Sojasahne)
1/2 TL edelsüßes Paprikapulver
Salz, Pfeffer
1 TL frisch gehackter Dill
4 große Salatblätter

ZUBEREITUNGSZEIT ca. 15 Min.

1. Die Shrimps in einem Sieb kalt abspülen und abtropfen lassen. Die Mayonnaise mit Tomatenketchup, Tomatenmark, Wasser und Sherry cremig rühren. Das Paprikapulver untermischen.

2. Die Sauce mit Salz und Pfeffer abschmecken. Mit Dill und den Shrimps vermischen.

3. Vier Dessertgläser mit jeweils einem Salatblatt auslegen und den Krabbencocktail darauf anrichten. Dazu passt Baguette.

VARIANTE

Rühren Sie etwas Saft und die abgeriebene Schale von 1/2 Orange unter die Mayonnaise. Mit Salz, Pfeffer und 1 Prise Currypulver würzen. Shrimps und klein geschnittenes Obst (z.B. Orange, Apfel, Birne) und gehackte Walnusskerne unterziehen und den Krabbencocktail auf Chicoréeblättern anrichten.

Nährwerte pro Portion:

320 kcal • **16 g** Eiweiß • **26 g** Fett • **5 g** Kohlenhydrate

Reissalat

FÜR 4 PERSONEN
125 g Langkornreis
1 Möhre
1 rote Paprikaschote
1 Dose Mandarinen (Inhalt 240 g)
150 g Shrimps
125 g laktosefreie Mayonnaise
1 EL Sojasauce
1 TL Puderzucker
1 TL Curry
1 Spritzer Worcestersauce
Salz, Pfeffer
3–4 Zweige Dill
2–3 Zweige glatte Petersilie

ZUBEREITUNGSZEIT ca. 30 Min.
RUHEZEIT ca. 2 Std.

1. Den Reis in Salzwasser nach Packungsangabe kochen, in eine Schüssel geben und abkühlen lassen.
2. Die Möhre putzen, waschen und klein würfeln. In einer Pfanne mit wenig Salzwasser bissfest dünsten. In ein Sieb abgießen und gut abtropfen lassen.
3. Die Paprikaschote waschen, halbieren, putzen und klein würfeln. Die Mandarinen abtropfen lassen, den Saft auffangen. Die Shrimps in ein Sieb geben, kalt abspülen und abtropfen lassen.
4. Für das Dressing die Mayonnaise mit Sojasauce, Puderzucker, 2 EL Mandarinensaft, Curry und Worcestersauce verrühren. Mit Salz und Pfeffer abschmecken. Dill und Petersilie waschen und trockentupfen. Petersilienblättchen und Dillspitzen abzupfen und fein hacken.
5. Den Reis mit Möhren, Paprika, Mandarinen und Shrimps mischen. Falls der Reis alle Flüssigkeit aufsaugt, noch etwas Mandarinensaft unterrühren. Dressing und Kräuter darunter mischen und den Reissalat 1–2 Std. zugedeckt kalt stellen.

TIPP

Sie können den Reissalat zur Abwechslung auch mit 150 g Hähnchenbrustfilet zubereiten. Hierfür das Hähnchenbrustfilet kalt abspülen und mit Küchenpapier trockentupfen. In kleine Würfel schneiden, salzen, pfeffern und in etwas Rapsöl rundum anbraten. Den Reisssalat wie beschrieben zubereiten und die Hähnchenbrustfiletstücke darunter heben.

Nährwerte pro Portion:
425 kcal • **11 g** Eiweiß • **26 g** Fett • **38 g** Kohlenhydrate

Grissini mit Thunfischdip

FÜR 6 PERSONEN
FÜR ETWA 45 GRISSINI

1 Würfel Hefe (42 g)
500 g Weizenmehl
40 g laktosefreie Margarine
1 TL Salz
je 2 EL Sesamsaat und Kümmel zum Bestreuen
Mehl zum Kneten und Salzwasser zum Bestreichen

FÜR DEN THUNFISCHDIP

1 Knoblauchzehe
1 Dose Thunfisch in Olivenöl (ca. 165 g)
1 TL Senf
1 EL laktosefreie Mayonnaise
2 Sardellenfilets
2 TL Zitronensaft
Salz, frisch gemahlener Pfeffer
1 TL Thymianblättchen

ZUBEREITUNGSZEIT ca. 50 Min.
RUHEZEIT ca. 30 Min.
BACKZEIT ca. 15 Min.

1. Die Hefe zerbröckeln und mit 250 ml lauwarmem Wasser glatt rühren. Mehl, Margarine, 1 TL Salz und das Hefewasser in eine Schüssel geben und mit den Knethaken des Handrührgeräts zu einem glatten Teig verarbeiten. Den Hefeteig zugedeckt bei Zimmertemperatur in etwa 30 Min. zur doppelten Größe aufgehen lassen.

2. Den Teig auf einer bemehlten Arbeitsfläche gut durchkneten und etwa fingerdick ausrollen. Mit einem scharfen Messer in 15 cm lange, fingerbreite Streifen schneiden. Ein Backblech mit Backpapier belegen. Die Teigstangen nebeneinander auf das Blech legen. Den Backofen vorheizen.

3. Etwas Salz in ein wenig lauwarmem Wasser auflösen, die Grissini damit bestreichen und je die Hälfte mit Sesamsaat bzw. Kümmel bestreuen. Die Stangen weitere 10 Min. gehen lassen.

4. Die Grissini im Backofen bei 200° Ober- und Unterhitze (Mitte, nicht mit Umluft!) in ca. 15 Min. goldgelb backen.

5. Inzwischen den Knoblauch abziehen und fein würfeln. Den Thunfisch mit Senf, Mayonnaise, Sardellenfilets, Zitronensaft und Knoblauch mit dem Zauberstab pürieren. Mit Salz und Pfeffer abschmecken. Die Thymianblättchen unter die Creme heben.

6. Die Grissini aus dem Ofen nehmen, abkühlen lassen und mit dem Dip servieren.

Nährwerte pro Portion:
480 kcal • **19 g** Eiweiß • **16 g** Fett • **65 g** Kohlenhydrate

Auberginenpüree mit Oliven

FÜR 4 PERSONEN

1/2 Zwiebel
2 Auberginen
1 TL Zitronensaft
4 EL Olivenöl
1 EL laktosefreie Mayonnaise
Salz, Pfeffer
je 100 g schwarze und grüne Oliven ohne Stein

ZUBEREITUNGSZEIT ca. 15 Min.
BACKZEIT ca. 35 Min.

1. Den Backofen vorheizen. Ein Backblech mit Backpapier belegen. Die Zwiebel abziehen und fein hacken.

2. Die Auberginen putzen, waschen, trockentupfen und auf das Blech legen. Im Ofen bei 250° (Mitte, Umluft 220°) weich garen, bis die Haut Blasen wirft. Ein- bis zweimal umdrehen.

3. Die Auberginen längs aufschneiden, das Fruchtfleisch herauskratzen, klein hacken und in eine Schüssel geben. Mit Zitronensaft, Öl, Mayonnaise und Zwiebeln gut verrühren. Salzen, pfeffern und abkühlen lassen.

4. Das Auberginenpüree mit den Oliven servieren. Dazu schmeckt frisches Fladenbrot.

Nährwerte pro Portion:
205 kcal • **2 g** Eiweiß • **19 g** Fett • **7 g** Kohlenhydrate

Pfannkuchen

mit Lachs-Krabben-Füllung

FÜR 4 PERSONEN

FÜR DEN TEIG

140 g Mehl
2 Eier, Salz
150 ml Haferdrink
100 ml Mineralwasser
1/2 Bund Dill
2 EL Rapsöl

FÜR DIE FÜLLUNG

1 Fenchelknolle
1 Schalotte
2 EL Rapsöl
100 ml Fischfond (aus dem Glas)
100 ml Sojasahne
150 g Spinat
150 g Lachsfilet
75 g Krabben
2 EL Zitronensaft
Salz, Pfeffer
1/2 TL Dijon-Senf (ersatzweise mittelscharfer Senf)

ZUBEREITUNGSZEIT ca. 60 Min.
RUHEZEIT ca. 30 Min.

1. Das Mehl mit den Eiern, dem Haferdrink, Mineralwasser und 1 Prise Salz zu einem Teig verrühren und 30 Min. quellen lassen.

2. Den Fenchel putzen und waschen. Das Fenchelgrün abschneiden und beiseite legen. Die Fenchelknolle in feine Streifen schneiden. Die Schalotte abziehen und fein hacken. Das Öl in einer Pfanne erhitzen und die Schalotte mit den Fenchelstreifen 4–5 Min. andünsten. Den Fischfond angießen und zugedeckt 10 Min. bei schwacher Hitze köcheln lassen. Die Sojasahne dazugeben, unterrühren und weitere 7 Min. köcheln lassen. Gelegentlich umrühren.

3. Inzwischen den Spinat putzen, waschen und in kochendem Salzwasser 1–2 Min. blanchieren. Herausheben, mit eiskaltem Wasser abschrecken und in einem Sieb abtropfen lassen. Anschließend grob hacken. Das Lachsfilet würfeln. Mit Krabben, Zitronensaft, Salz und Pfeffer mischen und 5 Min. marinieren.

4. Den Dill waschen, trockentupfen, die Spitzen abzupfen und mit dem Fenchelgrün fein hacken. Die Hälfte der Kräuter unter den Teig mischen. Die restlichen Kräuter und den Senf in die Fenchelsauce rühren. Spinat, Krabben und Lachs unterheben und 3 Min. durchziehen lassen. Mit Salz und Pfeffer abschmecken.

5. Das Öl in einer Pfanne erhitzen, darin aus dem Teig nacheinander 4 Pfannkuchen backen und warm halten. Je ein Viertel der Füllung auf der Hälfte eines Pfannkuchens verteilen. Die zweite Hälfte darüber klappen und die Pfannkuchen servieren.

VARIANTE

Provenzalische Füllung

Den Pfannkuchenteig wie beschrieben zubereiten. Statt Dill 1 TL frisch gehackte Rosmarinnadeln und 1 TL gehackte, glatte Petersilie untermischen. 1 Schalotte und 1 Knoblauchzehe abziehen. Die Schalotte fein würfeln, die Knoblauchzehe durchpressen. 1 rote Paprikaschote waschen, halbieren, putzen und klein würfeln. 250 g Zucchini waschen, putzen und klein würfeln. 250 g Tomaten überbrühen, häuten, die Stielansätze entfernen, das Fruchtfleisch würfeln. Im Schmortopf 1 EL Olivenöl erhitzen, die Schalotte darin 1 Min. dünsten. Knoblauch, Paprika- und Zucchiniwürfel hinzufügen und 3 Min. mitdünsten. 1 EL Tomatenmark, die Tomatenwürfel und 50 ml Rotwein (ersatzweise Gemüsebrühe) einrühren. Mit Salz, Pfeffer und 1 Prise Puderzucker würzen. Blättchen von 1 Thymianzweig und 1 Lorbeerblatt zum Gemüse geben. Zugedeckt bei mittlerer Hitze etwa 15 Min. schmoren.

Nährwerte pro Portion:

435 kcal • **22 g** Eiweiß • **25 g** Fett • **30 g** Kohlenhydrate

Saté-Spießchen

mit Erdnuss- und Mangosauce

FÜR 4 PERSONEN

FÜR DIE SATÉ-SPIESSCHEN

1 Stück frischer Ingwer (ca. 2 cm)
1 kleine Zwiebel
1 Stängel Zitronengras
1 EL Sojasauce
1 EL Fischsauce
125 ml Kokosmilch
1/2 TL Zucker
250 g Hähnchenbrustfilet
250 g ausgelöste Garnelen
4 EL Sojaöl
lange Holzspieße

FÜR DIE ERDNUSS-SAUCE

1 TL Rohrzucker
100 ml Kokosmilch
100 ml Geflügelbrühe
100 g Erdnussmus, ungesalzen (Naturkostladen)
1 EL Sojasauce
2–3 TL Limettensaft
Salz, Cayennepfeffer

FÜR DIE MANGOSAUCE

2 reife Mangos
20 g frischer Ingwer
50 ml Gemüsebrühe
1 TL Sojasauce
Salz, Pfeffer

ZUBEREITUNGSZEIT ca. 60 Min.
RUHEZEIT ca. 1 Std.

1. Die Holzspieße in kaltem Wasser einweichen. Den Ingwer schälen. Die Zwiebel abziehen. Ingwer, Zwiebel und Zitronengras in feine Scheiben schneiden. Mit Sojasauce, Fischsauce, Kokosmilch und Zucker verrühren.

2. Die Hähnchenbrustfilets kalt abspülen, mit Küchenpapier trockentupfen und längs in dünne Streifen schneiden. Das Hähnchenfleisch in eine, die Garnelen in eine zweite Schüssel geben und jeweils die Hälfte der Marinade darüber gießen. Zugedeckt ca. 1 Stunde kühl stellen.

3. Für die Erdnuss-Sauce den Rohrzucker in einem kleinen Topf bei schwacher Hitze unter Rühren karamellisieren lassen. Kokosmilch und Geflügelbrühe unterrühren und zum Köcheln bringen. Mit Erdnussmus und Sojasauce zu einer Sauce verrühren. Mit Limettensaft, Salz und 1 Prise Cayennepfeffer würzen und abkühlen lassen.

4. Für die Mangosauce die Mangos schälen und das Fruchtfleisch vom Stein schneiden. Den Ingwer schälen und fein würfeln. Mit dem Mangofruchtfleisch und der Gemüsebrühe fein pürieren. Mit Sojasauce, Salz und Pfeffer würzen.

5. Die Hähnchenbruststreifen ziehharmonikaartig auf Holzspieße fädeln. Die Garnelen ebenfalls auf Holzspieße stecken. Das Sojaöl in einer großen Pfanne erhitzen und die Hähnchen- und Garnelenspieße portionsweise von beiden Seiten darin anbraten. Mit der Erdnuss- und der Mangosauce servieren.

VARIANTE

Gurken-Paprika-Dip

1/2 Salatgurke, 1 kleine grüne Paprikaschote und 1/2 rote Peperoni waschen, trockentupfen und jeweils fein würfeln. 1 rote Zwiebel abziehen und fein hacken. 2 EL geröstete Erdnüsse ebenfalls hacken. Alles mischen. 4 EL Limettensaft, 1/2 TL Salz und 1 EL Rohrzucker in einem kleinen Topf unter Rühren erwärmen, bis sich der Zucker löst. Mit der Gurkenmischung verrühren und etwas abkühlen lassen.

Nährwerte pro Portion:

505 kcal • **34 g** Eiweiß • **30 g** Fett • **21 g** Kohlenhydrate

Kartoffelwaffeln

mit Lachs und Senf-Dill-Sauce

FÜR 4 PERSONEN
ERGIBT ETWA 8 WAFFELN

- 500 g mehlig kochende Kartoffeln
- 1 TL Kümmel, Salz
- 1 Zwiebel
- 100 g Schmalz (ersatzweise laktosefreie Margarine)
- 3 Eier
- 50 ml Haferdrink (ersatzweise Sojadrink, ungesüßt)
- Pfeffer
- frisch geriebene Muskatnuss
- 100 g Mehl
- evtl. Rapsöl für das Waffeleisen

FÜR DIE DILLSAUCE

- 1/2 Bund Dill
- 2–3 TL Senf
- 2 EL Öl
- 1 EL Honig
- 300 g geräucherter Lachs

ZUBEREITUNGSZEIT ca. 90 Min.
GARZEIT ca. 40 Min.

1. Die Kartoffeln waschen, in Salzwasser zusammen mit dem Kümmel im geschlossenen Topf etwa 25–30 Min. gar kochen.
2. Inzwischen für die Dillsauce den Dill waschen, trockentupfen, die Dillspitzen abzupfen und fein hacken. Senf, Öl und Honig zu einer glatten Sauce verrühren und den Dill unterheben.
3. Die Zwiebel abziehen und fein würfeln. In einer Pfanne etwas Schmalz erhitzen und die Zwiebelwürfel darin glasig andünsten.
4. Die Kartoffeln abgießen und ausdämpfen lassen. Noch heiß schälen und zu einem feinen Brei zerstampfen. Die Zwiebel, Schmalz, Eier, Haferdrink, Salz, Pfeffer und Muskatnuss unterrühren. Das Mehl darauf sieben und unterziehen. Den Waffelteig mit Salz und Pfeffer würzen.
5. Das Waffeleisen aufheizen und bei Bedarf dünn mit Rapsöl einfetten. Aus dem Teig 8 goldbraune Waffeln backen. Die Waffeln mit Lachsscheiben belegen und die Senf-Dill-Sauce darüber träufeln.

TIPP

Sie können die Kartoffelwaffeln auch sehr gut als Hauptgericht servieren – am besten mit einem grünen Salat. Bereiten Sie dann einfach die eineinhalbfache Menge zu.

Nährwerte pro Portion:

735 kcal • **33 g** Eiweiß • **50 g** Fett • **38 g** Kohlenhydrate

Tofufrikadellen

FÜR 4 PERSONEN

30 g geschälte Sesamsaat
20 g Haferflocken
50 g getrocknete Tomaten in Öl
1 Knoblauchzehe
1 kleine Zwiebel
4 EL Olivenöl
2–3 Zweige Kerbel (ersatzweise Petersilie)
200 g Tofu natur
1 TL Dijon-Senf (ersatzweise mittelscharfer Senf)
75 g Semmelbrösel
2 Eier
Salz, Pfeffer

ZUBEREITUNGSZEIT ca. 30 Min.
GARZEIT ca. 20 Min.

1. Die Sesamsaat und die Haferflocken in einer Pfanne ohne Fett goldbraun anrösten. Die getrockneten Tomaten abtropfen lassen und klein schneiden. Knoblauch und Zwiebel abziehen und fein hacken. 1 EL Olivenöl in einer Pfanne erhitzen. Knoblauch und Zwiebel darin glasig dünsten.
2. Den Kerbel waschen und trockentupfen. Die Blättchen abzupfen und fein hacken. Den Tofu mit Küchenpapier trockentupfen und mit einer Gabel fein zerdrücken. Tomaten, Zwiebel, Knoblauch und Tofu pürieren, dann mit Senf, Semmelbrösel und Eiern verkneten. Mit Salz und Pfeffer würzen. Sesam, Haferflocken und Kerbel unterkneten.
3. Aus der Masse 8 Frikadellen formen. 2–3 EL Olivenöl in einer großen Pfanne erhitzen und die Frikadellen darin von beiden Seiten je ca. 4 Min. anbraten. Mit Kräuterquark servieren.

TIPP

Dazu passt auch sehr gut ein Tomaten-Rucola-Salat mit einer Vinaigrette aus Aceto balsamico und Olivenöl.

Nährwerte pro Portion:

405 kcal • **14 g** Eiweiß • **29 g** Fett • **23 g** Kohlenhydrate

Kräuterquark

FÜR 4 PERSONEN

150 g Tofu natur
200 g Sojajoghurt natur
100 g laktosefreier Frischkäse (z.B. iBi Pur)
80 g laktosefreie Mayonnaise
1/2 Bund Petersilie
1/2 Bund Dill
1/2 Bund Schnittlauch
2 Zweige Basilikum
1/2 Kästchen Kresse
100 g Salatgurke
Salz, Pfeffer
1 Prise Puderzucker

ZUBEREITUNGSZEIT ca. 30 Min.

1. Tofu, Joghurt, Frischkäse und Mayonnaise sehr fein pürieren.
2. Die Kräuter waschen und trockentupfen. Petersilienblättchen, Dillspitzen und Basilikumblätter abzupfen und fein hacken. Den Schnittlauch in Röllchen schneiden. Die Kresse abschneiden und waschen. Die Kräuter und die Kresse unter die Tofucreme rühren.
3. Die Salatgurke schälen, fein würfeln und unter die Tofucreme rühren. Mit Salz, Pfeffer und etwas Puderzucker würzen.

Mit Pellkartoffeln oder Tofufrikadellen servieren.

TIPP

Der Quark schmeckt auch gut zu Kartoffel-Zucchini-Puffern. Für die Puffer 400 g Zucchini waschen, putzen und grob raspeln. 600 g rohe Kartoffeln waschen, schälen und fein reiben. Zucchini und Kartoffeln mit 2 EL Mehl verrühren. Anfallende Flüssigkeit abgießen. 2 Eier unterrühren, salzen und pfeffern. Den Teig sofort in heißem Rapsöl backen. Je Puffer 1 EL Teig beidseitig in ca. 4 Min. goldbraun braten.

Nährwerte pro Portion:

310 kcal • **7 g** Eiweiß • **28 g** Fett • **11 g** Kohlenhydrate

Rahmspinat mit Ei

FÜR 2 PERSONEN

1 Knoblauchzehe
2 EL laktosefreie Margarine
1 EL Mehl
200 ml Gemüsebrühe
200 ml Sojasahne
300 g Blattspinat (tiefgekühlt, am besten gehackt)
Salz, Pfeffer
frisch geriebene Muskatnuss
Delikata Gewürzmischung (Reformhaus)
1 EL Rapsöl
4 Eier

ZUBEREITUNGSZEIT ca. 40 Min.
GARZEIT ca. 20 Min.

1. Die Knoblauchzehe abziehen und durch die Knoblauchpresse drücken. Die Margarine in einem Topf erhitzen, das Mehl darüber stäuben und unter Rühren 1 Min. anschwitzen. Den Knoblauch hinzufügen und unter Rühren etwa 1 Min. mit anschwitzen.

2. Den Topf vom Herd nehmen, die Gemüsebrühe nach und nach unter Rühren zum Knoblauch-Mehl-Gemisch gießen, bis eine glatte Mehlschwitze entsteht. Den Topf zurück auf den Herd stellen und die Sojasahne unterrühren. Anschließend den Spinat hinzufügen.

3. Den Spinat bei schwacher Hitze unter Rühren auftauen lassen. Kurz aufkochen und zugedeckt bei schwacher Hitze etwa 10 Min. köcheln lassen. Gelegentlich umrühren. Mit Salz, Pfeffer, Muskatnuss und einer Prise Delikata abschmecken.

4. Die Eier verquirlen und als Rühreier im heißen Öl stocken lassen oder in die Pfanne aufschlagen und Spiegeleier braten. Die Eier mit dem Spinat anrichten. Dazu passen Salzkartoffeln.

Nährwerte pro Portion:
480 kcal • **20 g** Eiweiß • **39 g** Fett • **12 g** Kohlenhydrate

Cremiges Möhrengemüse

FÜR 4 PERSONEN

500 g Möhren
50 g Pastinaken
1–2 EL Rapsöl
350 ml Gemüsebrühe
1 TL getrockneter Liebstöckel
2 TL Speisestärke
50 ml Sojasahne
1 EL frisch gehackter Dill
Salz, Pfeffer

ZUBEREITUNGSZEIT ca. 15 Min.
GARZEIT ca. 20 Min.

1. Die Möhren und die Pastinaken putzen und waschen. Die Möhren halbieren und in Scheiben schneiden, die Pastinaken klein würfeln.

2. Das Rapsöl in einem Topf erhitzen. Das Gemüse etwa 3 Min. darin dünsten. Mit der Gemüsebrühe ablöschen. Den Liebstöckel unterrühren und das Gemüse zugedeckt bei schwacher Hitze etwa 20 Min. köcheln lassen.

3. Die Speisestärke mit 2 EL kaltem Wasser verrühren. Die Sojasahne zum Möhrengemüse geben. Die Speisestärke unter Rühren hinzufügen und einmal aufkochen lassen, dann den Topf vom Herd nehmen.

4. Den Dill unterheben und das Möhrengemüse mit Salz und Pfeffer abschmecken.
Passt sehr gut zu Kartoffelbrei und vegetarischen Schnitzeln.

TIPP

Wenn sie keine Pastinaken bekommen, können Sie das Möhrengemüse einfach mit 550 g Möhren zubereiten.

Nährwerte pro Portion:
115 kcal • **2 g** Eiweiß • **7 g** Fett • **10 g** Kohlenhydrate

Einfaches Kartoffelgratin

FÜR 2 PERSONEN (1 AUFLAUFFORM, 1,5 l INHALT)

600 g mehlig kochende Kartoffeln
2 Schalotten
1 Knoblauchzehe
125 ml Gemüsebrühe
125 ml Sojasahne
Salz, Pfeffer
frisch geriebene Muskatnuss
laktosefreie Margarine zum Fetten der Auflaufform

ZUBEREITUNGSZEIT ca. 30 Min.
BACKZEIT ca. 30 Min.

1. Die Kartoffeln schälen, waschen und in dünne Scheiben schneiden. Die Schalotten abziehen und sehr fein hacken. Die Knoblauchzehe abziehen und halbieren.
2. Den Backofen vorheizen. Eine Auflaufform mit den Knoblauchhälften gut einreiben und dünn mit Margarine fetten. Die Kartoffelscheiben schuppenförmig in die Auflaufform schichten. Jede Kartoffelschicht gleichmäßig dünn mit Schalotten bestreuen.
3. Die Gemüsebrühe mit der Sojasahne mischen, mit Salz, Pfeffer und Muskat würzen und über die Kartoffeln gießen. Das Gratin im Ofen bei 200° (Mitte, Umluft 180°) in ca. 30 Min. goldgelb backen.

Nährwerte pro Portion:
365 kcal • **6 g** Eiweiß • **20 g** Fett • **39 g** Kohlenhydrate

Kartoffel-Kokos-Gratin

FÜR 2 PERSONEN (1 AUFLAUFFORM, 1,5 l INHALT)

650 g mehlig kochende Kartoffeln
1 Knoblauchzehe
1 TL gekörnte Gemüsebrühe (Instant)
200 ml Kokosmilch
80 ml Apfelsaft
1/4 TL getrockneter Majoran
1/4 TL getrockneter Thymian
1/4 TL gemahlener Kümmel
frisch geriebene Muskatnuss
laktosefreie Margarine zum Fetten der Auflaufform
1 EL Semmelbrösel

ZUBEREITUNGSZEIT ca. 25 Min.
BACKZEIT ca. 40 Min.

1. Die Kartoffeln schälen, waschen und in dünne Scheiben schneiden. Die Knoblauchzehe abziehen.
2. Den Backofen vorheizen. Die gekörnte Brühe in 150 ml heißem Wasser auflösen. Mit der Kokosmilch und dem Apfelsaft mischen. Majoran, Thymian, Kümmel und Muskatnuss hinzufügen. Den Knoblauch durch die Presse drücken, untermischen und alles gut verrühren.
3. Eine Auflaufform dünn mit Margarine fetten und mit den Semmelbröseln ausstreuen.
4. Die Kartoffeln schuppenförmig in die Auflaufform schichten. Mit der Sauce begießen und im Backofen bei 200° (Mitte, Umluft 180°) in ca. 40 Min. goldgelb backen. Mit einem gemischten Salat servieren.

TIPP

Wenn Sie das Gratin noch etwas würziger mögen, können Sie zusätzlich 1 TL frisch gehackten Ingwer in die Sauce rühren.

Nährwerte pro Portion:
310 kcal • **7 g** Eiweiß • **9 g** Fett • **49 g** Kohlenhydrate

Tofu-Curry

FÜR 4 PERSONEN

1 Stange Lauch
1 rote Paprikaschote
150 g Zucchini
250 g Möhren
20 g frischer Ingwer
2 EL Rapsöl
1 EL Rosinen
2 TL Garam Masala
1 TL Kurkuma
1 TL gemahlener Koriander
3 EL Sojasauce
400 ml Kokosmilch
1 TL Limettensaft, Salz
300 g Tofu natur

ZUBEREITUNGSZEIT ca. 30 Min.
GARZEIT ca. 20 Min.

1. Das Gemüse putzen und waschen. Den Lauch in Scheiben, die Paprikaschote in Streifen schneiden. Die Zucchini vierteln und in Scheiben schneiden. Die Möhren halbieren und in dünne Scheiben schneiden. Den Ingwer schälen und sehr fein hacken.
2. Das Öl in einem Topf erhitzen und die Möhren, die Paprika und den Lauch darin etwa 3 Min. andünsten. Die Zucchini dazugeben und ca. 2 Min. mitdünsten.
3. Die Rosinen, Garam Masala, Kurkuma, Koriander und die Sojasauce unterrühren. Mit der Kokosmilch ablöschen. Limettensaft und Salz zufügen und das Curry im geschlossenen Topf bei schwacher Hitze etwa 10 Min. köcheln lassen.
4. Den Tofu mit Küchenpapier trockentupfen und klein würfeln. In das Currygericht rühren und vor dem Servieren noch etwa 5 Min. auf der abgeschalteten Herdplatte ziehen lassen.

Dazu passen gut Couscous oder Basmatireis.

Nährwerte pro Portion:

145 kcal • **9 g** Eiweiß • **7g** Fett • **12 g** Kohlenhydrate

Kartoffel-Paprika-Ragout

FÜR 4 PERSONEN

1 kg fest kochende Kartoffeln
2 rote + 1 gelbe Paprikaschote
2 Zwiebeln
3 EL Rapsöl
5 frische Salbeiblättchen
2 EL Paprikamark (Reformhaus)
1 EL Tomatenmark
300 ml Tomatensaft
200 ml Gemüsebrühe
100 ml Rotwein (ersatzweise Gemüsebrühe)
1 Lorbeerblatt
4 Wacholderbeeren
1 TL edelsüßes Paprikapulver
Salz, weißer Pfeffer

ZUBEREITUNGSZEIT ca. 20 Min.
GARZEIT ca. 35 Min.

1. Die Kartoffeln schälen, waschen und in Würfel schneiden. Die Paprikaschoten ebenfalls waschen, halbieren und entkernen. Die Paprikahälften in mundgerechte Stücke schneiden. Die Zwiebeln abziehen und in dünne Ringe schneiden.
2. Das Öl in einem Topf erhitzen. Die Kartoffelwürfel, die Paprikastücke und die Zwiebelringe darin 1–2 Min. unter Rühren andünsten.
3. Die Salbeiblätter waschen und trockenschütteln. Das Paprikamark, das Tomatenmark und die Salbeiblätter hinzufügen. Das Gemüse weitere 2 Min. schmoren lassen.
4. Den Tomatensaft, die Gemüsebrühe und den Rotwein angießen. Das Lorbeerblatt und die Wacholderbeeren unterrühren. Im geschlossenen Topf etwa 30–35 Min. garen.
5. Das Lorbeerblatt entfernen. Das Kartoffel-Paprika-Ragout mit Paprikapulver, Salz und Pfeffer würzen und servieren.

Dazu passt frisches Landbrot.

Nährwerte pro Portion:

280 kcal • **7 g** Eiweiß • **9 g** Fett • **38 g** Kohlenhydrate

Tofu-Pilz-Ragout

mit Basmatireis

FÜR 4 PERSONEN

FÜR DEN REIS

1 EL laktosefreie Margarine
300 g Basmatireis, Salz

FÜR DAS TOFU-PILZ-RAGOUT

650 g gemischte Pilze (z.B. Champignons, Pfifferlinge, Shiitake-Pilze, Austernpilze)
200 g Räuchertofu
1 Zwiebel
1 Knoblauchzehe
2 EL Olivenöl
1/2 Bund glatte Petersilie
1/2 Bund Dill
2 EL Sherry (ersatzweise Gemüsebrühe)
250 ml Gemüsebrühe
1 EL getrocknete Kräuter der Provence
2 gestrichene TL Speisestärke
250 ml Sojasahne
1 EL Sojasauce
Salz, Pfeffer

ZUBEREITUNGSZEIT ca. 30 Min.
GARZEIT ca. 35 Min.

1. In einem Kochtopf 800 ml Wasser mit Salz und Margarine zum Kochen bringen. Den Reis in das sprudelnd kochende Salzwasser geben, umrühren und zugedeckt bei schwacher Hitze 15–20 Min. garen. Gegen Ende der Garzeit ab und zu umrühren.

2. Die Pilze mit Küchenpapier trocken abreiben und die Stielenden abschneiden. Champignons vierteln, andere Pilze in mundgerechte Stücke schneiden. Den Tofu in kleine Würfel schneiden, die Zwiebel und die Knoblauchzehe abziehen und fein würfeln.

3. Das Öl in einer großen Pfanne mit Deckel erhitzen und die Zwiebelwürfel darin in 1 Min. glasig dünsten. Den Knoblauch hinzufügen und kurz mitdünsten, aber nicht braun werden lassen. Die Pilze dazugeben und etwa 5 Min. braten. Dann die Tofuwürfel in die Pfanne geben und 4–5 Min. mitbraten.

4. Die Petersilie und den Dill waschen und trockentupfen. Petersilienblättchen und Dillspitzen abzupfen und getrennt fein hacken. Die Pilze mit Sherry ablöschen und die Gemüsebrühe angießen. Die Kräuter der Provence und die Petersilie einrühren. Das Ragout in der geschlossenen Pfanne etwa 5 Min. bei mittlerer Hitze köcheln lassen.

5. Die Speisestärke mit 2 EL kaltem Wasser glatt rühren. Die Sojasahne zum Ragout geben, die Speisestärke einrühren, einmal kurz aufkochen lassen und vom Herd nehmen. Mit Sojasauce, Salz und Pfeffer würzen. Den Dill unterrühren und das Ragout mit dem Basmatireis servieren.

TIPP

Der Basmatireis erhält eine wunderbar orientalische Note, wenn Sie 1 TL Curry unter den Reis mischen.

Nährwerte pro Portion:

555 kcal • **17 g** Eiweiß • **23 g** Fett • **66 g** Kohlenhydrate

Polentaschnitten

mit Gemüseragout

FÜR 4 PERSONEN
(1 AUFLAUFFORM, 25 x 45 cm)
FÜR DIE POLENTASCHNITTEN

1 l Gemüsebrühe
250 g Maisgrieß (Polenta)
2 EL Olivenöl + 4 EL zum Braten
2 Eier

FÜR DAS GEMÜSERAGOUT

1 rote und 1 gelbe Paprikaschote
200 g Zucchini
1 Aubergine (ca. 200 g)
1 große Knoblauchzehe
1 Schalotte
3 EL Olivenöl
1 TL Tomatenmark
1 TL Puderzucker
400 g Tomatenfruchtfleisch in Stücken (Fertigprodukt)
1 TL getrocknete Kräuter der Provence
Salz, Pfeffer

ZUBEREITUNGSZEIT ca. 40 Min.
RUHEZEIT ca. 2 Std.

1. Die Gemüsebrühe aufkochen lassen und den Maisgrieß nach und nach einrühren. 2 EL Olivenöl hinzufügen und die Polenta bei schwacher Hitze unter gelegentlichem Rühren in ca. 20 Min. gar kochen.

2. Eine Auflaufform mit kaltem Wasser ausspülen, abtropfen lassen, aber nicht abtrocknen. Die Eier trennen. Die Eiweiße steif schlagen. Die Eigelbe unter die heiße Polenta rühren, den Eischnee unterheben. Die Masse in die Auflaufform füllen, glatt streichen und etwa 2 Std. abkühlen lassen.

3. Für das Gemüseragout die Paprikaschoten, Zucchini und Aubergine waschen, putzen und in mundgerechte Stücke schneiden. Die Knoblauchzehe und die Schalotte abziehen und fein würfeln.

4. Das Olivenöl in einem Topf erhitzen. Die Schalotte 1–2 Min. darin andünsten. Knoblauch, Tomatenmark und Puderzucker hinzufügen und kurz mitdünsten. Das Gemüse dazugeben und 2–3 Min. anbraten. Die Tomatenstücke und die Kräuter der Provence unterrühren.

5. Im geschlossenen Topf unter gelegentlichem Rühren etwa 25 Min. köcheln lassen. Falls nötig, noch etwas Wasser hinzufügen. Das Gemüseragout mit Salz und Pfeffer abschmecken.

6. Die erkaltete Polenta in 12 gleichmäßige Stücke schneiden. Etwas Olivenöl in einer großen Pfanne erhitzen und die Polentaschnitten darin portionsweise von beiden Seiten goldbraun anbraten. Mit dem Gemüseragout servieren.

VARIANTE

Polentaschnitten mit Champignons

Die Polenta wie beschrieben zubereiten. Anschließend 400 g Champignons trocken abreiben und klein schneiden. Mit 1 zerdrückten Knoblauchzehe, etwas Zitronensaft und 1 EL klein gehackter Petersilie in etwas Rapsöl andünsten. Die Champignons unter die Polenta mischen. Die Masse zum Abkühlen in die Auflaufform füllen.

Nährwerte pro Portion:

575 kcal • **13 g** Eiweiß • **31 g** Fett • **60 g** Kohlenhydrate

Gnocchi

in pikanter Tomatensauce

FÜR 4–6 PERSONEN

FÜR DIE GNOCCHI

1 kg mehlig kochende Kartoffeln
200 g Mehl
1 Ei, Salz
100 g Hartweizengrieß
frisch geriebene Muskatnuss

FÜR DIE TOMATENSAUCE

1 Zwiebel
2 Knoblauchzehen
2 EL Olivenöl
1 große Dose geschälte Tomaten (800 g Inhalt)
60 g Oliven ohne Stein
1 TL getrockneter Oregano
1 TL getrockneter Thymian
2 Lorbeerblätter
Salz, Cayennepfeffer
1 Prise Puderzucker
80 ml Sojasahne

ZUBEREITUNGSZEIT ca. 60 Min.
GARZEIT ca. 45 Min.

1. Die Kartoffeln waschen und in Salzwasser in 25–30 Min. gar kochen. Abgießen und ausdämpfen lassen. Pellen und noch heiß durch die Kartoffelpresse auf ein bemehltes Arbeitsbrett drücken. Etwas abkühlen lassen. Mit Mehl, Ei, Salz, Hartweizengrieß und Muskatnuss zu einem Teig verkneten.
2. Den Teig zu einer dicken Rolle formen und in 8 Stücke schneiden. Aus jedem Teigstück eine Rolle von ca. 40 cm Länge formen. Von den Rollen jeweils etwa 2 cm lange Stücke abschneiden. Die Teigstücke auf der bemehlten Arbeitsfläche mit einer bemehlten Gabel leicht eindrücken. Die Gnocchi auf ein bemehltes Tuch legen und bis zum Kochen trocknen lassen.
3. Für die Sauce Zwiebel und Knoblauch abziehen. Die Zwiebel fein würfeln und die Knoblauchzehen durch die Presse drücken. Das Öl in einem Topf erhitzen. Die Zwiebeln darin glasig dünsten. Den Knoblauch hinzufügen und kurz mitdünsten.
4. Die geschälten Tomaten, die Oliven, die Kräuter und die Lorbeerblätter hinzufügen und die Sauce im geschlossenen Topf bei schwacher Hitze 45 Min. köcheln lassen, dabei gelegentlich umrühren.
5. Die Tomatensauce mit Salz, Cayennepfeffer und Puderzucker abschmecken. Die Sojasahne unterrühren, die Sauce bei kleiner Hitze warm halten.
6. Für die Gnocchi 3 l kräftig gesalzenes Wasser in einem breiten Topf zum Kochen bringen. Die Gnocchi darin portionsweise sieden lassen, bis sie an der Oberfläche schwimmen. Mit dem Schaumlöffel herausheben und zusammen mit der Tomatensauce servieren.

Nährwerte pro Portion bei 6 Portionen:

395 kcal • **11 g** Eiweiß • **12 g** Fett • **61 g** Kohlenhydrate

Brokkoli-Pie

FÜR 4–6 PERSONEN (1 SPRINGFORM, 26 cm Ø)

240 g Mehl, Salz
120 g laktosefreie Margarine
600 g Brokkoli (tiefgekühlt)
100 g gekochter Schinken
4 Eier
300 ml Sojadrink
1/2 TL getrocknete Kräuter der Provence
frisch geriebene Muskatnuss
Salz, Pfeffer
laktosefreie Margarine für die Form

ZUBEREITUNGSZEIT ca. 45 Min.
RUHEZEIT ca. 1 Std.
BACKZEIT ca. 45 Min.

1. Die Springform dünn mit Margarine fetten. Das Mehl mit Salz und Margarine verkneten. Löffelweise etwa 2 EL kaltes Wasser zugeben, bis ein glatter Teig entsteht. Die Springform mit dem Teig auskleiden, dabei einen 3 cm hohen Rand formen. Den Teig in der Form etwa 1 Std. kalt stellen.
2. Den Backofen vorheizen. Den Brokkoli in sprudelnd kochendem Salzwasser etwa 4 Min. garen, herausnehmen und in einem Sieb gut abtropfen lassen. Den Schinken in kleine Würfel schneiden.
3. Den Teig im Ofen bei 200° (Mitte, Umluft 180°) 10 Min. vorbacken. Inzwischen die Eier und den Sojadrink mit einem Schneebesen verquirlen. Mit den Kräutern der Provence, etwas Muskatnuss, Salz und Pfeffer abschmecken.
4. Die Springform aus dem Backofen nehmen und den Brokkoli gleichmäßig auf dem Teig verteilen. Mit den Schinkenwürfeln bestreuen und die Eimischung darüber gießen. Den Brokkoli-Pie in etwa 45 Min. goldbraun backen.

Nährwerte pro Portion:
435 kcal • **16 g** Eiweiß • **27 g** Fett • **34 g** Kohlenhydrate

Tortellini mit Schinken-Sahnesauce

FÜR 2 PERSONEN

250 g laktosefreie Tortellini (Reformhaus)
80 g gekochter Schinken
1 EL Rapsöl
1/2 Päckchen italienische Kräuter (tiefgekühlt)
150 ml Gemüsebrühe
1/2 TL getrocknete italienische Kräuter
150 ml Sojasahne
Salz, Pfeffer

ZUBEREITUNGSZEIT ca. 20 Min.
GARZEIT ca. 15 Min.

1. Die Tortellini in Salzwasser nach Packungsangabe gar kochen und in einem Sieb gut abtropfen lassen.
2. Inzwischen den Schinken fein würfeln. Das Öl in einer Pfanne erhitzen und die gefrorenen Kräuter darin 1 Min. unter Rühren andünsten. Den Schinken hinzufügen und 1 Min. mitbraten. Mit der Gemüsebrühe ablöschen und die getrockneten Kräuter einrühren.
3. Die Kräutersauce kurz aufkochen lassen. Die Sojasahne darunter rühren und die Sauce 2–3 Min. bei mittlerer Hitze köcheln lassen. Mit Salz und Pfeffer abschmecken und zu den Tortellini servieren.

Nährwerte pro Portion:
485 kcal • **21 g** Eiweiß • **31 g** Fett • **29 g** Kohlenhydrate

Gefüllte Zucchini

in Dillsahne

FÜR 4 PERSONEN
40 g Reis
4 Zucchini (à 200–220 g)
1 Zwiebel
250 g Hackfleisch vom Schwein
1 Ei
1 EL gehackte Petersilie
Salz, Pfeffer
2 Tomaten
1 EL Rapsöl
1,2 l Gemüsebrühe
2 EL gehackter Dill
150 ml Sojasahne

ZUBEREITUNGSZEIT ca. 90 Min.
GARZEIT ca. 60 Min.

1. Den Reis etwa 10 Min. in kaltem Wasser einweichen.

2. Inzwischen die Zucchini waschen und die Endstücke abschneiden. Die Zucchini mit dem Sparschäler so schälen, dass feine Streifen der grünen Schale stehen bleiben. In etwa 5 cm lange Stücke schneiden und die Zucchinistücke mit einem Löffel aushöhlen. Dabei einen Rand von ca. 1 cm stehen lassen. Das ausgehöhlte Fruchtfleisch beiseite stellen.

3. Den Reis in ein Sieb schütten und gut abtropfen lassen.

4. Die Zwiebel abziehen und fein würfeln. Das Hackfleisch mit der Zwiebel, dem Reis, dem Ei und der Petersilie vermengen und mit Salz und Pfeffer kräftig würzen. Die Hackfleisch-Reis-Mischung in die ausgehöhlten Zucchinistücke füllen.

5. Die Tomaten waschen und trockentupfen. Die Stielansätze entfernen und die Tomaten in Scheiben schneiden.

6. Das Öl in einem Schmortopf erhitzen. Das Zucchinifruchtfleisch hineingeben und die gefüllten Zucchini darauf setzen. Mit den Tomatenscheiben belegen. So viel Gemüse-brühe angießen, dass die Zucchini bedeckt sind. Zugedeckt etwa 60 Min. bei schwacher Hitze schmoren lassen.

7. Die gefüllten Zucchini ohne Tomatenfruchtfleisch herausheben und warm stellen. 1 EL Dill und die Sojasahne in den Schmortopf geben. Alles mit dem Zauberstab pürieren. Den restlichen Dill hinzufügen und die Sauce mit Salz und Pfeffer abschmecken.

8. Die Zucchinistücke wieder in die warme Sauce setzen. Mit frischem Weißbrot servieren.

Nährwerte pro Portion:
315 kcal • **20 g** Eiweiß • **16 g** Fett • **21 g** Kohlenhydrate

Hähnchenbrust

mit Champignons

FÜR 4 PERSONEN (1 AUFLAUFFORM MIT DECKEL, 2,5 l INHALT)

4 Hähnchenbrustfilets (à ca. 150 g)
Salz, Pfeffer
1–2 EL Mehl
4 EL Rapsöl
100 g gekochter Schinken
400 g Champignons
200 g Lauch
2 Tomaten
100 ml Weißwein (ersatzweise Gemüsebrühe)
50 ml Gemüsebrühe
150 ml Sojasahne
1 Zweig glatte Petersilie
Rapsöl zum Fetten der Auflaufform

ZUBEREITUNGSZEIT ca. 30 Min.
BACKZEIT ca. 30 Min.

1. Die Hähnchenbrustfilets kalt abspülen und mit Küchenpapier trockentupfen. Mit Salz und Pfeffer würzen und leicht mit Mehl bestäuben. 2 EL Öl in einer Pfanne erhitzen, die Hähnchenbrustfilets darin von beiden Seiten etwa 3 Minuten anbraten.
2. Eine Auflaufform dünn mit etwas Öl fetten. Die Hähnchenbrustfilets in die Form legen.
3. Den Schinken in kleine Würfel schneiden. Die Champignons mit Küchenpapier trocken abreiben und in Scheiben schneiden. Den Lauch putzen, waschen und in Streifen schneiden.
4. 2 EL Öl in einer Pfanne erhitzen. Die Champignons und den Lauch darin etwa 2–3 Min andünsten. Den Schinken hinzufügen, mit Salz und Pfeffer abschmecken und gleichmäßig auf den Hähnchenbrustfilets verteilen. Den Backofen vorheizen.
5. Die Tomaten waschen und trockentupfen. Die Stielansätze entfernen und die Tomaten in Scheiben schneiden. Auf die Hähnchenbrustfilets legen. Den Weißwein mit der Gemüsebrühe und der Sojasahne mischen und über die Filets gießen.
6. Die Auflaufform mit dem Deckel schließen. Die Hähnchenbrustfilets im Backofen bei 175° (Mitte, Umluft 160°) ca. 15 Min. schmoren. Den Deckel abnehmen und das Geflügel in 15 Min. fertig garen.
7. Inzwischen die Petersilie waschen und trockentupfen. Die Blättchen abzupfen, fein hacken und über die Filets streuen.

Nährwerte pro Portion:

465 kcal • **43 g** Eiweiß • **26 g** Fett • **6 g** Kohlenhydrate

Hähnchencurry

mit Möhren

FÜR 4 PERSONEN

400 g Hähnchenbrustfilet
400 ml Kokosmilch
3 TL Currypulver
1 TL gemahlener Koriander
1 TL gemahlener Kreuzkümmel
1 Msp. Sambal oelek (ersatzweise 1 TL frisch gehackter Ingwer)
350 g Möhren
30 g Cashewkerne
4 EL Rapsöl
3–4 Frühlingszwiebeln
1/2 Limette
200 g Tomatenfruchtfleisch in Stücken (Fertigprodukt)
Salz
1/2 Bund Petersilie (ersatzweise Koriander)

ZUBEREITUNGSZEIT ca. 50 Min.
MARINIERZEIT ca. 3 Std.

1. Das Hähnchenfleisch kalt abspülen, trockentupfen und in grobe Würfel schneiden. 125 ml Kokosmilch mit 1 TL Currypulver, 1/2 TL Koriander und 1/2 TL Kreuzkümmel sowie 1 Msp. Sambal oelek verrühren. Das Fleisch mit der Marinade übergießen, abgedeckt im Kühlschrank mindestens 3 Std. ziehen lassen. Dabei 1–2-mal wenden.
2. Gegen Ende der Marinierzeit die Möhren schälen, waschen und in dünne Scheiben schneiden. Die Cashewkerne in einer Pfanne ohne Fett anrösten und beiseite stellen.
3. 2 EL Öl in einer Pfanne erhitzen. Die Möhren darin 7 Min. andünsten. Inzwischen die Frühlingszwiebeln putzen, waschen und in Ringe schneiden. Mit dem restlichen Currypulver, dem Koriander und dem Kreuzkümmel zu den Möhren geben und und kurz mitdünsten.
4. Die Schale der Limette abreiben und den Saft auspressen. Das Fleisch aus der Marinade heben und abtropfen lassen. Die Marinade dabei auffangen.
5. Die Limettenschale, Tomatenstücke, die restliche Kokosmilch und die Marinade zum Möhrengemüse geben. Mit Salz und Limettensaft abschmecken.
6. Das Fleisch in 2 EL Öl in 3–4 Min. rundum anbraten. Zum Gemüsecurry geben und darin 5 Min. gar ziehen lassen.
7. Die Petersilie waschen, trockentupfen und fein hacken. Das Hähnchencurry auf Teller verteilen und mit Petersilie und Cashewkernen bestreut servieren. Dazu passt Basmatireis.

VARIANTE

Sie können das Hähnchencurry auch gut mit Gemüsesorten wie Paprikaschoten, Auberginen oder Zucchini zubereiten. Das Gericht erhält eine feine, süßlich-frische Note, wenn Sie statt Tomatenfruchtfleisch Ananasstückchen hinzufügen.

Nährwerte pro Portion:

285 kcal • **26 g** Eiweiß • **15 g** Fett • **9 g** Kohlenhydrate

Hühnerfrikassee

FÜR 4 PERSONEN

1,5 kg Suppenhuhn (Poularde)
1 große Zwiebel
500 g Suppengemüse
2 Lorbeerblätter
3 Stiele Liebstöckel
4 Wacholderbeeren
1 TL weiße Pfefferkörner
300 g Basmatireis
40 g und 2 EL laktosefreie Margarine
40 g Mehl
500 ml Geflügelbrühe
250 ml Weißwein (ersatzweise Geflügelbrühe)
250 g Champignons
Salz, Pfeffer
300 g tiefgekühlte Erbsen
2 EL Kapern
1/2 Bund Petersilie
1/2 Bund Kerbel
100 ml Sojasahne
2 Eigelbe
2 EL Zitronensaft

ZUBEREITUNGSZEIT ca. 30 Min.
GARZEIT ca. 50 min.

1. Die Poularde gründlich kalt abspülen. In einen großen Topf geben, mit kaltem Wasser bedecken und zum Kochen bringen.

2. Die Zwiebel halbieren und beide Hälften mit der Schnittfläche nach unten in einer Pfanne ohne Fett anrösten. Das Suppengemüse putzen, waschen und grob würfeln. Mit den Zwiebelhälften, den Lorbeerblättern, Liebstöckel, Wacholderbeeren, Pfefferkörnern und 1 TL Salz zur Poularde geben. Bei schwacher Hitze im geschlossenen Topf etwa 40 Min. köcheln lassen.

3. Das Suppenhuhn aus der Brühe heben, abtropfen und ein wenig abkühlen lassen. Die Brühe durch ein feines Sieb gießen, auffangen und ebenfalls abkühlen lassen.

4. In einem Kochtopf 800 ml Wasser, Salz und 1 EL Margarine zum Kochen bringen. Den Reis in das sprudelnd kochende Salzwasser geben, umrühren und im geschlossenen Topf bei schwacher Hitze in 15–20 Min. garen. Gegen Ende der Garzeit immer wieder umrühren.

5. Die Poularde zerteilen, dabei Haut und Fett entfernen. Das Fleisch in ca. 2 cm große Stücke schneiden und zugedeckt beiseite stellen.

6. 40 g Margarine in einem Topf schmelzen. Das Mehl unter Rühren hinzufügen und anschwitzen. Mit Geflügelbrühe und Weißwein ablöschen. Etwa 10 Min. bei schwacher Hitze köcheln lassen, dabei gelegentlich umrühren.

7. Inzwischen die Champignons mit Küchenpapier trocken abreiben und in Scheiben schneiden. 1 EL Margarine in einer Pfanne erhitzen und die Champignons darin anbraten. Mit Salz und Pfeffer abschmecken. Mit dem Fleisch in die Sauce geben, kurz aufkochen lassen. Den Herd ausschalten. Die Erbsen und die Kapern hinzufügen und noch etwa 5 Min. in der Sauce erwärmen.

8. Die Petersilie und den Kerbel waschen, trockentupfen, die Blättchen abzupfen und fein hacken. Die Sojasahne und die Eigelbe verquirlen und in das Hühnerfrikassee einrühren. Mit Salz, Pfeffer und Zitronensaft abschmecken. Die gehackten Kräuter unterrühren und das Hühnerfrikassee mit dem Reis servieren.

Nährwerte pro Portion:

900 kcal • **50 g** Eiweiß • **35 g** Fett • **79 g** Kohlenhydrate

Überbackene Schweinemedaillons

FÜR 4 PERSONEN
(1 AUFLAUFFORM, 20 x 20 cm)

8 Schweinemedaillons
8 Scheiben Bacon (ersatzweise dünne Scheiben Frühstücksspeck)
2 Knoblauchzehen
250 ml Sojasahne
100 ml Gemüsebrühe
4 TL Tomatenmark
1 EL Tomatenketchup
250 g Tomatenfruchtfleisch in Stücken (Fertigprodukt)
1 EL getrocknete Kräuter
1/2 TL Paprikapulver
Cayennepfeffer, Salz
2–3 EL Öl, 2 EL Semmelbrösel
300 g Bandnudeln
1 TL Olivenöl zum Fetten der Form

ZUBEREITUNGSZEIT ca. 25 Min.
BACKZEIT ca. 60 Min.

1. Die Auflaufform dünn mit Öl fetten. Die Medaillons mit je einer Scheibe Bacon umwickeln und nebeneinander in die Auflaufform setzen. Den Backofen vorheizen.

2. Den Knoblauch abziehen und fein hacken. Die Sojasahne und die Gemüsebrühe in einem Topf erhitzen. Tomatenmark und Ketchup einrühren. Die Tomatenstücke, den Knoblauch und die Kräuter hinzufügen. Die Sauce kurz aufkochen lassen, dann vom Herd nehmen. Mit Paprikapulver, Cayennepfeffer und Salz abschmecken.

3. Die Tomatensauce gleichmäßig über den Medaillons verteilen. Die Semmelbrösel mit dem Öl mischen und die Medaillons damit bestreuen. Im Backofen bei 200° (Mitte, Umluft 180°) ca. 50–60 Min. überbacken, bis die Medaillons weich sind.

4. Kurz vor Ende der Garzeit die Bandnudeln nach Packungsangabe in 3 l sprudelnd kochendem Salzwasser garen. Gut abtropfen lassen und zu den Schweinemedaillons servieren.

Nährwerte pro Portion:

955 kcal • **58 g** Eiweiß • **51 g** Fett • **66 g** Kohlenhydrate

Bratensauce ohne Fleisch

FÜR 4 PERSONEN

1 Zwiebel
1 Möhre
50 g Petersilienwurzel
3 EL Rapsöl
1 EL Mehl
1 EL Tomatenmark
600 ml Gemüsefond (aus dem Glas, ersatzweise Gemüsebrühe)
Salz, Pfeffer
1 Prise Zucker

ZUBEREITUNGSZEIT ca. 15 Min.
GARZEIT ca. 30 Min.

1. Die Zwiebel abziehen. Die Möhre und die Petersilienwurzel putzen und waschen. Zwiebel, Möhre und Petersilienwurzel in kleine Würfel schneiden.

2. Das Öl in einem Topf erhitzen. Die Zwiebel- und Gemüsewürfel darin etwa 5 Min. unter Rühren anbraten und bräunen. Das Mehl darüber stäuben und unterrühren. Das Tomatenmark hinzufügen, den Gemüsefond angießen und gut unterrühren. Im geschlossenen Topf etwa 25–30 Min. köcheln lassen.

3. Die Sauce durch ein Sieb passieren oder mit dem Zauberstab pürieren. Mit Salz, Pfeffer und einer Prise Zucker abschmecken.

TIPP

Auch für die vegetarische Küche ist diese Sauce eine Bereicherung. Verfeinern Sie die Sauce mit 50 ml Madeira oder Portwein: Verwenden Sie in diesem Fall nur 550 ml Gemüsefond.

Nährwerte pro Portion:

120 kcal • **1 g** Eiweiß • **9 g** Fett • **8 g** Kohlenhydrate

Winzertopf mit Lamm

FÜR 4–6 PERSONEN

1,2 kg Lammfleisch aus der Keule, ohne Knochen
1 Zwiebel
2 Knoblauchzehen
1 kg fest kochende Kartoffeln
1 kg Möhren
2–3 EL Rapsöl
Salz, Pfeffer
2–3 Zweige Thymian (ersatzweise 2 TL getrockneter Thymian)
3 Lorbeerblätter
500 ml Gemüsebrühe
250 ml Rotwein (ersatzweise Gemüsebrühe)

ZUBEREITUNGSZEIT ca. 50 Min.
BACKZEIT ca. 2 Std. 30 Min.

1. Das Lammfleisch kalt abspülen, mit Küchenpapier trockentupfen und in mundgerechte Würfel schneiden.

2. Die Zwiebel und den Knoblauch abziehen. Die Zwiebel grob würfeln, den Knoblauch fein hacken. Die Kartoffeln schälen, waschen und in dicke Scheiben schneiden. Die Möhren putzen, waschen und klein schneiden. Den Backofen vorheizen.

3. Das Öl in einem Bräter erhitzen. Das Fleisch darin portionsweise rundherum kräftig anbraten. Mit Salz und Pfeffer würzen. Das Fleisch in den Bräter geben, Zwiebel und Knoblauch hinzufügen und ca. 3–4 Min. mitbraten.

4. Den Thymian waschen, trockentupfen, die Blättchen abzupfen und fein hacken. Die Möhren gleichmäßig auf dem Fleisch verteilen. Mit Salz, Pfeffer und Thymian würzen. Die Kartoffelscheiben und die Lorbeerblätter auf die Möhren schichten, noch mal salzen und pfeffern.

5. Die Gemüsebrühe und den Rotwein angießen. Den Deckel auflegen und den Winzertopf im Backofen bei 175° (Mitte, Umluft 160°) etwa 2 Std. 30 Min. schmoren.

Nährwerte pro Portion bei 6 Portionen:

570 kcal • **31 g** Eiweiß • **32 g** Fett • **30 g** Kohlenhydrate

Penne mit Hühnerleberragout

FÜR 4 PERSONEN

600 g Hühnerleber
2 EL Mehl
Salz, frisch gemahlener Pfeffer
2 Knoblauchzehen, 2 Zwiebeln
4–5 EL Olivenöl
4 frische Lorbeerblätter
2 EL Sherry-Essig
80 ml Sherry (ersatzweise Geflügelbrühe)
120 ml Geflügelbrühe
500 g Penne
250 g Tomatenfruchtfleisch in Stücken (Fertigprodukt)
2 TL Puderzucker
4 Zweige frisches Basilikum

ZUBEREITUNGSZEIT ca. 40 Min.
GARZEIT ca. 20 Min.

1. Die Leber kalt abspülen, mit Küchenpapier trockentupfen, von den Sehnen befreien und in kleine Stücke schneiden. Das Mehl mit einer Prise Salz und Pfeffer mischen, die Leber darin wenden. Den Knoblauch und die Zwiebel abziehen und klein würfeln.

2. Das Olivenöl in einer tiefen Pfanne erhitzen. Die Zwiebel- und die Knoblauchwürfel darin 1 Min. andünsten. Die Leber und die Lorbeerblätter hinzufügen und bei mittlerer Hitze 3–4 Min. anbraten. Mit Essig ablöschen, 2 Min. einkochen lassen. Sherry und Geflügelbrühe unterrühren.

3. Die Nudeln nach Packungsangabe in 5 l sprudelnd kochendem Salzwasser garen.

4. Die Tomatenstücke unterheben und die Sauce noch 6–8 Min. köcheln lassen, bis sie sämig ist. Die Lorbeerblätter entfernen.

5. Die Nudeln abgießen, dabei etwas Kochwasser auffangen. Die Penne unter das Ragout mischen, eventuell noch etwas Nudelwasser unterrühren. Das Ragout mit Salz, Pfeffer und Puderzucker abschmecken.

6. Die Basilikumblättchen waschen, abzupfen, in Streifen schneiden und unterheben.

Nährwerte pro Portion:

810 kcal • **50 g** Eiweiß • **20 g** Fett • **106 g** Kohlenhydrate

IKEA

Schollenfilet in Estragon-Sahnesauce

FÜR 2 PERSONEN

4 Schollenfilets (à 100 g)
1 Limette, Salz
1 kleine Schalotte
1 EL Rapsöl
125 ml Fischfond (aus dem Glas)
200 ml laktosefreie Schlagsahne (ersatzweise Sojasahne)
50 ml Weißwein (ersatzweise Fischfond und 1 Spritzer Limettensaft)
1 Topf frischer Estragon (25 g)
frisch gemahlener Pfeffer
1 Prise Puderzucker
4 Zahnstocher

ZUBEREITUNGSZEIT ca. 30 Min.
GARZEIT ca. 15 Min.

1. Die Schollenfilets abspülen, mit Küchenpapier trockentupfen und halbieren. Die Limette auspressen. 1 EL Limettensaft beiseite stellen. Die Filets mit dem restlichen Limettensaft beträufeln und leicht salzen. Zu Röllchen aufwickeln und jeweils mit einem Zahnstocher feststecken.

2. Die Schalotte abziehen und fein hacken. Das Öl in einer Pfanne erhitzen, die Schalotte darin glasig dünsten. Den Fischfond angießen, 3 Min. köcheln lassen. Die Filetröllchen darin 5 Min. gar ziehen lassen. Herausnehmen und zugedeckt warm halten.

3. Die Sahne und den Weißwein zum Sud geben und bei mittlerer Hitze cremig einkochen lassen. Den Estragon waschen, trockentupfen, die Blättchen fein hacken.

4. Die Sauce mit 1 EL Limettensaft, Salz, Pfeffer und Puderzucker abschmecken. Den Estragon unterrühren. Die Zahnstocher entfernen und die Fischröllchen mit der Sauce servieren. Dazu passen Reis oder Salzkartoffeln.

TIPP

Verfeinern Sie die Estragonsauce mit 1/2 TL Dijon-Senf.

Nährwerte pro Portion:

530 kcal • **35 g** Eiweiß • **37 g** Fett • **8 g** Kohlenhydrate

Rotbarschfilet mit würziger Tomatensauce

FÜR 2 PERSONEN

1 Knoblauchzehe
Saft und Schale von 1/2 unbehandelten Zitrone
Salz, weißer Pfeffer
2 Rotbarschfilets (à 200 g)
1 Zwiebel
3 EL Olivenöl
1 EL Tomatenmark
500 g Tomatenfruchtfleisch in Stücken (Fertigprodukt)
1–2 TL Zucker, 1/2 TL Salz
1/2 Bund glatte Petersilie oder Koriander
4 EL Sojasahne

ZUBEREITUNGSZEIT ca. 25 Min.
RUHEZEIT ca. 1 Std.
GARZEIT ca. 15 Min.

1. Die Knoblauchzehe abziehen und durch die Presse drücken. Mit Zitronensaft und -schale, Salz und weißem Pfeffer mischen. Die Rotbarschfilets kalt abspülen und mit Küchenpapier trockentupfen. Beidseitig mit der Marinade beträufeln und ca. 20 Min. abgedeckt ziehen lasssen.

2. Die Zwiebel abziehen und fein würfeln. 2 EL Olivenöl erhitzen und die Zwiebelwürfel darin glasig dünsten. Tomatenmark, Tomatenstücke, Zucker und Salz hinzufügen und verrühren. Die Sauce bei schwacher Hitze etwa 15 Min. offen köcheln lassen.

3. Die Petersilie oder den Koriander waschen, trockentupfen und die Blättchen fein hacken. Die Petersilie und die Sojasahne in die Sauce rühren und vom Herd nehmen.

4. 1 EL Olivenöl in einer Pfanne erhitzen. Die Rotbarschfilets darin bei mittlerer Hitze von jeder Seite etwa 2–3 Min. braten. Mit der Tomatensauce servieren. Dazu passt sehr gut Reis.

TIPP

Verfeinern Sie die Tomatensauce mit 1/2 TL Kurkuma und 1/2 TL Kreuzkümmel.

Nährwerte pro Portion:

480 kcal • **41 g** Eiweiß • **28 g** Fett • **15 g** Kohlenhydrate

Zanderfilet mit Kräuterkruste

FÜR 4 PERSONEN
(1 AUFLAUFFORM, 2,5 l INHALT)

4 weiße, mittelgroße Champignons
4 Schalotten
je 1/2 Bund glatte Petersilie, Basilikum und Schnittlauch
1 hart gekochtes Eigelb
4 EL Öl
4 EL Semmelbrösel
4 Zanderfilets mit Haut (à ca. 150 g)
Salz, frisch gemahlener Pfeffer
100 ml trockener Weißwein (ersatzweise Gemüsebrühe)
Olivenöl zum Fetten der Form

ZUBEREITUNGSZEIT ca. 30 Min.
BACKZEIT ca. 12 Min.

1. Die Champignons trocken abreiben und fein hacken. Die Schalotten abziehen und fein würfeln. Die Kräuter waschen und trockentupfen. Petersilien- und Basilikumblättchen abzupfen. Einige Petersilienblättchen zum Garnieren beiseite legen, die restlichen Blättchen hacken. Den Schnittlauch in feine Röllchen schneiden.
2. Den Backofen vorheizen. Das Eigelb zerdrücken und mit Champignons, Schalotten, Semmelbröseln, Kräutern und dem Öl mischen.
3. Die Auflaufform dünn mit Olivenöl fetten. Die Zanderfilets kalt abspülen, mit Küchenpapier trockentupfen und mit Salz und Pfeffer würzen. Mit der Hautseite nach unten in die gefettete Form legen. Gleichmäßig mit der Pilz-Kräuter-Mischung bestreichen.
4. Den Weißwein angießen und die Zanderfilets im Backofen bei 225° (Mitte, Umluft 200°) etwa 12 Min. garen. Mit Petersilienblättchen garniert servieren. Dazu passen Salzkartoffeln oder frisches Baguette.

Nährwerte pro Portion:
430 kcal • **32 g** Eiweiß • **28 g** Fett • **9 g** Kohlenhydrate

Senfsauce

FÜR 4 PERSONEN

40 g laktosefreie Margarine
30 g Mehl
300 ml Haferdrink
50 ml Weißwein (ersatzweise Sojasahne)
125 ml Sojasahne
3 TL Dijon-Senf (ersatzweise mittelscharfer Senf)
1 EL gehackte Petersilie
Salz, Pfeffer

ZUBEREITUNGSZEIT ca. 15 Min.

1. Die Margarine in einem Topf bei schwacher Hitze schmelzen. Das Mehl einrühren, kurz aufschäumen lassen. Den Topf vom Herd nehmen und den Haferdrink unter Rühren hinzufügen.
2. Den Topf wieder auf die Herdplatte stellen und nach und nach den Weißwein und die Sojasahne unterrühren.
3. Den Senf und die gehackte Petersilie unterrühren und die Sauce mit Salz und Pfeffer abschmecken.

TIPP

Die Senfsauce können Sie gut zu jeder Art von gedünstetem oder gebratenem Fisch servieren.

Nährwerte pro Portion:
190 kcal • **4 g** Eiweiß • **15 g** Fett • **8 g** Kohlenhydrate

IKEA® Stainless Steel
Made In P.R.OF CHINA

Lachsforelle

mit grüner Sauce

FÜR 2 PERSONEN
FÜR DIE LACHSFORELLE

1 ausgenommene Lachsforelle (600–700 g)
frisch gemahlener Pfeffer
80 ml + 1 TL Olivenöl
3 Scheiben Zitrone
8 Cocktailtomaten
4 Knoblauchzehen
3 EL Kapern
50 g + 8 grüne Oliven ohne Stein
2 EL frisch gehackte Petersilie
2 Bund glatte Petersilie
1 EL Aceto balsamico
1 Prise Puderzucker
Salz
Alufolie

ZUBEREITUNGSZEIT ca. 35 Min.
GARZEIT ca. 25 Min.

1. Die Lachsforelle kalt abspülen und mit Küchenpapier trockentupfen. Die Brustflossen entfernen. Die Forelle innen pfeffern, mit 1 TL Olivenöl bestreichen und die Zitronenscheiben hineinlegen. Die Forelle auf ein großes Stück Alufolie legen.

2. Den Backofen vorheizen. Die Cocktailtomaten waschen und halbieren. Die Knoblauchzehen abziehen und halbieren, 1/2 Zehe für die grüne Sauce beiseite legen. Die Kapern in einem kleinen Sieb kalt abspülen und abtropfen lassen. 50 g Oliven in Scheiben schneiden

3. Die Tomaten, die Knoblauchzehen, 1 EL Kapern und die Olivenscheibchen um und auf den Fisch legen und mit der gehackten Petersilie bestreuen. Die Alufolie oben fest zufalten, damit kein Saft austreten kann.

4. Die Lachsforelle in Alufolie auf ein Backblech setzen und im Backofen bei 200° (Umluft 180°) etwa 20–25 Min. garen. Wenn die Fischaugen weiß sind und die Rückenflosse sich mühelos herausziehen lässt, ist der Fisch gar.

5. Für die Sauce die glatte Petersilie waschen, trockentupfen und die Blättchen abzupfen. Mit 2 EL Kapern, 80 ml Olivenöl, Aceto balsamico und 8 Oliven mit dem Zauberstab fein pürieren. Die Sauce mit Puderzucker, Salz und Pfeffer abschmecken.

6. Den Fisch aus dem Backofen nehmen, tranchieren und mit dem Schmorgemüse und der grünen Sauce servieren.
Dazu passen Kartoffeln, frisches Baguette oder Reis.

Nährwerte pro Portion:

555 kcal • **41 g** Eiweiß • **41 g** Fett • **6 g** Kohlenhydrate

Spaghetti mit Dill-Sahnesauce und Lachs

FÜR 4 PERSONEN

300 g Spaghetti
1 Bund Dill
1 Schalotte
1 EL laktosefreie Margarine
1 TL Mehl
50 ml Weißwein
100 ml Gemüsebrühe
200 ml Sojasahne
Salz, Pfeffer,1 Prise Zucker
500 g Lachsfilet
1 EL Rapsöl

ZUBEREITUNGSZEIT ca. 25 Min.
GARZEIT ca. 15 Min.

1. In einem großen Topf Salzwasser zum Kochen bringen. Die Dillspitzen abzupfen und fein hacken. Die Schalotte abziehen und fein würfeln. Die Margarine in einem Topf schmelzen und die Schalotte darin glasig dünsten. Mit dem Mehl bestäuben und unter Rühren kurz anschwitzen. Mit Wein und Brühe ablöschen, 2–3 Min. köcheln lassen.

2. Die Spaghetti ins kochende Wasser geben und nach Packungsangabe bissfest kochen.

3. Die Sojasahne und den Dill in die Sauce geben, verrühren und bei schwacher Hitze 3–4 Min. köcheln lassen. Mit Salz, Pfeffer und Zucker abschmecken.

4. Das Lachsfilet kalt abspülen und mit Küchenpapier trockentupfen. Das Filet in 2 cm breite Streifen und dann in Stücke schneiden. Das Öl in einer Pfanne erhitzen, den Lachs darin etwa 1 Min. anbraten. In die Sauce geben und kurz ziehen lassen. Mit den Spaghetti servieren.

Nährwerte pro Portion:

680 kcal • **36 g** Eiweiß • **30 g** Fett • **62 g** Kohlenhydrate

Auberginen-Kabeljau-Auflauf

FÜR 4 PERSONEN (1 AUFLAUFFORM, 2,5 l INHALT)

1 Aubergine
1 große Zwiebel
1 Knoblauchzehe
4 EL Olivenöl
2 EL Kapern
50 g schwarze Oliven ohne Stein
400 g Tomatenfruchtfleisch in Stücken (Fertigprodukt)
1 EL frische gehackte Kräuter (Petersilie, Oregano, Majoran)
Salz, Pfeffer
4 Kabeljaufilets ohne Haut (à ca. 175 g)
2 EL laktosefreie Margarine

ZUBEREITUNGSZEIT 25 Min.
BACKZEIT 20 Min.

1. Die Aubergine waschen, putzen und in 1 cm dicke Scheiben schneiden. Zwiebel und Knoblauch abziehen. Die Zwiebel in dünne Ringe schneiden. Den Knoblauch durch die Presse drücken. In einer großen Pfanne 3 EL Olivenöl erhitzen. Die Auberginenscheiben darin leicht anbraten, bis sie weich, aber noch nicht braun sind. Auf Küchenpapier abtropfen lassen.

2. Noch 1 EL Olivenöl in die Pfanne geben, erhitzen und die Zwiebelringe darin leicht bräunen. Unter Rühren Knoblauch, Kapern, Oliven und Tomaten hinzufügen. Die Sauce salzen und pfeffern und in etwa 5 Min. dicklich einkochen lassen. Die frischen Kräuter unterheben. Den Backofen vorheizen.

3. Die Kabeljaufilets abspülen, mit Küchenpapier trockentupfen. Eine Auflaufform mit Margarine fetten. Die Sauce hineingeben und den Kabeljau darauf legen. Die Auberginen gleichmäßig darauf verteilen, Margarineflöckchen aufsetzen. Die Auflaufform auf ein Backblech stellen, falls etwas Flüssigkeit austritt.

4. Den Auflauf im Ofen bei 200° (Mitte, Umluft 180°) ca. 20 Min. backen, bis die Auberginenscheiben schön braun sind. Mit grünem Salat und frischem Weißbrot servieren.

Nährwerte pro Portion:

305 kcal • **33 g** Eiweiß • **16 g** Fett • **8 g** Kohlenhydrate

Kartoffelauflauf

mit Thunfisch

FÜR 4 PERSONEN (1 AUFLAUFFORM, 2,5 l INHALT)

400 g fest kochende Kartoffeln
1 Knoblauchzehe
250 g Tomatenfruchtfleisch in Stücken (Fertigprodukt)
1–2 TL getrocknete Kräuter der Provence
Salz, Pfeffer
300 g Zucchini
300 g Auberginen
2 EL Olivenöl
30 g laktosefreie Margarine
2 EL Mehl
300 ml Gemüsebrühe
100 ml Sojasahne
2 Dosen Thunfisch in Olivenöl (à ca. 165 g)
etwas Olivenöl für die Auflaufform

ZUBEREITUNGSZEIT ca. 40 Min.
BACKZEIT ca. 40 Min.

1. Die Kartoffeln abbürsten und in Salzwasser in 25 Min. gar kochen. Abgießen und ausdämpfen lassen. Pellen und abgekühlt in Scheiben schneiden.
2. Die Knoblauchzehe abziehen, durch die Presse drücken. Die Tomatenstücke, Knoblauch und Kräuter der Provence mischen, mit Salz und Pfeffer würzen.
3. Die Zucchini und Auberginen waschen, putzen und in Scheiben schneiden. 1 EL Olivenöl in einer Pfanne erhitzen. Die Zucchinischeiben unter Wenden darin weich dünsten, beiseite stellen. Erneut 1 EL Olivenöl in die Pfanne geben und die Auberginenscheiben von beiden Seiten darin andünsten, bis sie leicht gebräunt sind.
4. Die Margarine in einem kleinen Topf schmelzen. Das Mehl darin anschwitzen. Mit der Gemüsebrühe ablöschen und unter Rühren die Sojasahne hinzufügen. Gut verrühren, bis eine sämige Sauce entsteht. Etwa 2–3 Min. leicht köcheln lassen und die Sauce mit Salz und Pfeffer abschmecken.
5. Den Backofen vorheizen. Eine Auflaufform dünn mit Olivenöl fetten. Ein Drittel der Kartoffelscheiben hineingeben. Darauf die Zucchinischeiben, die Hälfte der Tomatensauce und die Hälfte des Thunfischs verteilen. Darauf ein zweites Drittel der Kartoffelscheiben schichten und mit den Auberginenscheiben belegen. Die restliche Tomatensauce und den Thunfisch darauf verteilen. Mit Kartoffelscheiben bedecken und gleichmäßig mit der Sauce begießen.
6. Den Kartoffelauflauf im Backofen bei 175° (Mitte, Umluft 160°) in ca. 40 Min. goldbraun backen.

Nährwerte pro Portion:

545 kcal • **25 g** Eiweiß • **39 g** Fett • **22 g** Kohlenhydrate

Kürbis-Kartoffel-Püree

FÜR 4 PERSONEN
600 g mehlig kochende Kartoffeln
650 g Muskatkürbis
30 g laktosefreie Margarine
1 TL mildes Currypulver
Salz, Pfeffer

ZUBEREITUNGSZEIT ca. 30 Min.
GARZEIT ca. 20 Min.

1. Die Kartoffeln schälen, waschen, in Stücke schneiden und in einem Topf mit Salzwasser in etwa 20 Min. gar kochen.
2. Den Kürbis entkernen, schälen, waschen, klein schneiden und ebenfalls in Salzwasser in 15–20 Min. weich kochen.
3. Den Kürbis abgießen und mit dem Zauberstab pürieren. Die Kartoffeln abgießen und mit dem Kartoffelstampfer zerdrücken.
4. Die zerstampften Kartoffeln mit dem Kürbispüree und der Margarine mischen. Mit Curry, Salz und Pfeffer abschmecken.

TIPP

Sie können das Püree mit gerösteten Kürbiskernen oder in Öl gebratenen Zwiebelringen verfeinern.

Nährwerte pro Portion:

165 kcal • **3 g** Eiweiß • **6 g** Fett • **23 g** Kohlenhydrate

Klassisches Kartoffelpüree

FÜR 4 PERSONEN

800 g mehlig kochende Kartoffeln
1 TL gekörnte Gemüsebrühe (Instant)
1 Lorbeerblatt
75 ml Sojadrink, ungesüßt
50 g laktosefreie Margarine
Salz
frisch geriebene Muskatnuss

ZUBEREITUNGSZEIT ca. 15 Min.

GARZEIT ca. 20 Min.

1. 700 ml Wasser in einem Topf zum Kochen bringen. Die gekörnte Brühe einrühren, das Lorbeerblatt hinzufügen. Die Kartoffeln schälen, waschen, in Stücke schneiden und in der Brühe in ca. 20 Min. gar kochen.
2. Die Kartoffeln abgießen, mit dem Kartoffelstampfer zerdrücken, mit dem Sojadrink und Margarine verrühren. Püree mit Salz und Muskatnuss würzen.

VARIANTEN

Dünsten Sie etwa 200 g Apfelstückchen in etwas laktosefreier Margarine und heben Sie diese unter das fertige Kartoffelpüree. Mit einer Prise Zimt, Piment und Koriander abschmecken.

Oder verfeinern Sie das Püree mit frisch gehackten Kräutern wie Petersilie, Schnittlauch oder Majoran.

Nährwerte pro Portion:

205 kcal • **4 g** Eiweiß • **10 g** Fett • **24 g** Kohlenhydrate

Paprika-Polenta

FÜR 4 PERSONEN

500 g rote Paprikaschoten
600 ml Gemüsefond (ersatzweise Geflügelfond)
100 g Maisgrieß (Polenta)
3 EL Rapsöl
Salz, weißer Pfeffer

ZUBEREITUNGSZEIT ca. 60 Min.
GARZEIT ca. 40 Min.

1. Die Paprikaschoten waschen, vierteln und entkernen. Die Schoten mit der Hautseite nach oben auf ein Backblech legen und unter dem Grill auf der obersten Einschubleiste etwa 8 Min. rösten, bis die Haut Blasen wirft. Herausnehmen und 10 Min. mit einem feuchten Tuch bedecken. Anschließend die Haut abziehen.
2. Den Gemüsefond in einem Topf aufkochen. Die Polenta mit dem Schneebesen einrühren und bei schwacher Hitze zugedeckt ca. 10 Min. ausquellen lassen. Gelegentlich umrühren.
3. Die Paprikastücke in grobe Würfel schneiden. Mit Rapsöl, Salz und Pfeffer mit dem Zauberstab pürieren. In einen kleinen Topf geben. Zum Ende der Garzeit der Polenta das Paprikapüree einmal aufkochen lassen.
4. Die Polenta salzen. Das Paprikapüree so unter die Polenta mischen, dass sie wie marmoriert aussieht.

TIPP

Cremiger wird die Polenta, wenn Sie 40 g laktosefreie Margarine darunter rühren.

Nährwerte pro Portion:

275 kcal • **3 g** Eiweiß • **18 g** Fett • **24 g** Kohlenhydrate

Sauce Hollandaise

FÜR 2 PERSONEN
125 g laktosefreie Margarine
3 Eigelbe
1 TL Zitronensaft
Salz, weißer Pfeffer
ZUBEREITUNGSZEIT ca. 15 Min.

1. Die Margarine in einem kleinen Topf schmelzen lassen. Die Eigelbe mit 3 EL kaltem Wasser und dem Zitronensaft im warmen Wasserbad mit einem Schneebesen zu einer dickschaumigen Creme aufschlagen.
2. Die flüssige Margarine zunächst tropfenweise, dann in dünnem Strahl unter die Eigelbmasse schlagen und mit Salz und Pfeffer abschmecken.

VARIANTE 1

Tomaten-Hollandaise

Die Sauce Hollandaise zubereiten wie beschrieben. Sie können die Eigelbe auch mit Weißwein verschlagen. 2–3 TL Tomatenmark in die Sauce rühren. Mit Salz, weißem Pfeffer und 1 Prise Puderzucker abschmecken.

VARIANTE 2

Orangen-Hollandaise

1 unbehandelte Blutorange heiß waschen, trockentupfen und etwa 1/4 der Schale mit dem Zestenreißer in feinen Streifen abziehen. 1/2 Orange auspressen. 3 Eigelbe mit 3–4 EL Orangensaft in einem Topf verquirlen. Mit 125 g Margarine eine Sauce Hollandaise zubereiten, wie beschrieben. Die Orangenzesten unterrühren. Mit Salz und Pfeffer abschmecken.

Nährwerte pro Portion:

560 kcal • **5 g** Eiweiß • **60 g** Fett • **1 g** Kohlenhydrate

Béchamelsauce

FÜR 4 PERSONEN
400 ml Sojadrink, ungesüßt (ersatzweise Haferdrink)
1 TL gekörnte Gemüsebrühe (Instant)
25 g laktosefreie Margarine
2 EL Mehl, Salz, Pfeffer
frisch geriebene Muskatnuss

ZUBEREITUNGSZEIT ca. 15 Min.

1. Den Sojadrinkdrink in einem kleinen Topf erhitzen, die gekörnte Brühe unterrühren.
2. Die Margarine in einem zweiten Topf schmelzen lassen. Das Mehl nach und nach einrühren und aufschäumen lassen.
3. Den heißen Sojadrink unter Rühren langsam zugeben und aufkochen lassen. Die Sauce bei schwacher Hitze etwa 5 Min. leicht köcheln lassen, dabei häufig umrühren. Mit Salz, Pfeffer und Muskatnuss gut würzen.

Nährwerte pro Portion:
100 kcal • **4 g** Eiweiß • **7 g** Fett • **5 g** Kohlenhydrate

Meerrettichsauce

FÜR 2 PERSONEN
30 g Meerrettichwurzel
2 TL Zitronensaft
125 ml Sojadrink, ungesüßt
20 g laktosefreie Margarine
20 g Mehl
125 ml Gemüsebrühe
3 EL Sojasahne
Salz, Zucker

ZUBEREITUNGSZEIT ca. 25 Min.

1. Den Meerrettich dünn schälen, sofort rundum mit etwa 1 TL Zitronensaft beträufeln, damit er nicht braun wird. Fein reiben und mit 1 TL Sojadrink vermischen.
2. Die Margarine in einem Topf bei schwacher Hitze schmelzen. Das Mehl einrühren und aufschäumen lassen. Die Gemüsebrühe hinzufügen und alles zu einer sämigen Sauce verrühren. Sojadrink und -sahne dazugeben.
3. Den Meerrettich unterziehen. Mit Salz, 1 TL Zitronensaft und 1 Prise Zucker abschmecken.

TIPP

Statt Sojasahne können Sie auch Sojadrink verwenden.

Nährwerte pro Portion:
190 kcal • **4 g** Eiweiß • **14 g** Fett • **12 g** Kohlenhydrate

Remouladensauce

FÜR 4 PERSONEN

1 Frühlingszwiebel, 3 Cornichons
1 EL Kapern, 1–2 Sardellenfilets
je 2 Zweige Petersilie, Kerbel und Estragon (ersatzweise Majoran)
1 hart gekochtes Ei
200 g laktosefreie Mayonnaise
1 TL Senf, 2 TL Zitronensaft
Puderzucker

ZUBEREITUNGSZEIT ca. 15 Min.

1. Die Frühlingszwiebel waschen, putzen und fein würfeln. Cornichons und Kapern abtropfen lassen und fein hacken. Die Sardellenfilets kalt abspülen und sehr klein schneiden. Die Kräuter waschen, trockentupfen, die Blättchen abzupfen, fein hacken. Das Ei pellen, fein würfeln.

2. Die Mayonnaise mit dem Senf und dem Zitronensaft gut verrühren. Die Frühlingszwiebel, die Cornichons, die Kapern, die Sardellenfilets und die gehackten Kräuter unterrühren. Das Ei unterheben und die Remouladensauce mit 1 Prise Puderzucker abschmecken.

Nährwerte pro Portion:

395 kcal • **3 g** Eiweiß • **42 g** Fett • **3 g** Kohlenhydrate

Estragon-Mayonnaise

FÜR 4 PERSONEN

1 Eigelb
1 TL Estragonsenf (ersatzweise Dijon-Senf)
1/2 TL Zitronensaft, 60 ml Rapsöl
1 Knoblauchzehe, Salz, Pfeffer
1/2 Bund Estragon (ersatzweise Kerbel oder Petersilie)

ZUBEREITUNGSZEIT 15 Min.

1. Das Eigelb mit dem Estragonsenf und dem Zitronensaft verrühren. Das Rapsöl in dünnem Strahl langsam einfließen lassen und dabei mit den Schneebesen des Handrührgeräts unterschlagen, bis eine cremige Mayonnaise entsteht.

2. Den Knoblauch abziehen und durch die Knoblauchpresse in die Mayonnaise drücken. Den Estragon waschen, trockentupfen, die Blättchen abzupfen und fein hacken. Unter die Mayonnaise ziehen. Mit Salz und frisch gemahlenem Pfeffer abschmecken.

Nährwerte pro Portion:

115 kcal • **1 g** Eiweiß • **12 g** Fett • **0 g** Kohlenhydrate

Tofu-Dill-Mayonnaise

FÜR 4 PERSONEN

300 g Seidentofu
2 EL Zitronensaft
2 TL Honig
1 EL helle Sojasauce
2 TL Dijon-Senf (ersatzweise mittelscharfer Senf)
3 EL frisch gehackter Dill
90 ml Olivenöl, Salz, Pfeffer

ZUBEREITUNGSZEIT ca. 15 Min.

1. Den Seidentofu mit Zitronensaft, Honig, Sojasauce, Senf und 2 EL Dill mischen und mit dem Zauberstab cremig pürieren.
2. Das Öl in dünnem Strahl langsam einfließen lassen und mit den Schneebesen des Handrührgeräts unterschlagen, bis eine Mayonnaise entsteht.
3. Den restlichen frisch gehackten Dill unterziehen. Die Mayonnaise mit Salz und Pfeffer abschmecken.

Nährwerte pro Portion:

200 kcal • 5 g Eiweiß • 18 g Fett • 6 g Kohlenhydrate

Knoblauch-Mayonnaise (Aioli)

FÜR 4 PERSONEN

4–6 Knoblauchzehen
2 Eigelbe
1 TL Weißweinessig (ersatzweise Apfelessig)
Salz, Pfeffer
200 ml Rapsöl
1 TL Dijon-Senf

ZUBEREITUNGSZEIT ca. 15 Min.

1. Den Knoblauch abziehen und grob hacken. Mit den Eigelben, Essig, Salz und Pfeffer pürieren.
2. Das Öl in dünnem Strahl langsam einfließen lassen. Mit dem Zauberstab unterschlagen, bis die Mayonnaise cremig wird. Mit Senf abschmecken.

TIPP

Die Aioli schon am Vortag zubereiten und über Nacht ziehen lassen. Sie hält sich im Kühlschrank 2–3 Tage.

Nährwerte pro Portion:

345 kcal • 2 g Eiweiß • 37 g Fett • 1 g Kohlenhydrate

Kaiserschmarrn

mit Zwetschgenröster

ALS HAUPTGERICHT FÜR 2 PERSONEN
ALS DESSERT FÜR 4 PERSONEN

1 kg Zwetschgen
2 unbehandelte Zitronen
1 Päckchen Vanillezucker
1 Zimtstange
4 Gewürznelken
230 g Zucker
4 Eier, Salz
250 ml Sojadrink (mit Calcium)
120 g helles Weizenmehl
3–4 EL Rosinen
4 EL Rapsöl
Puderzucker zum Bestäuben

ZUBEREITUNGSZEIT ca. 45 Min.
GARZEIT ca. 75 Min.

1. Die Zwetschgen waschen, halbieren und entkernen. Die Zitronen heiß waschen und trockentupfen. 1 Zitrone dünn schälen und auspressen. 125 ml Wasser mit 30 g Zucker, Vanillezucker, Zimtstange, Zitronenschale und -saft und den Gewürznelken in einem Topf zum Kochen bringen, 3 Min. leicht köcheln lassen.

2. Die Zitronenschale, Gewürznelken und die Zimtstange entfernen und die Zwetschgen in den Sud geben. Bei schwacher Hitze unter gelegentlichem Rühren etwa 1 Std. köcheln lassen. Etwas abkühlen lassen.

3. Die Schale der zweiten Zitrone fein abreiben. Die Eier trennen. Die Eigelbe mit 1 Prise Salz, dem Sojadrink und der Zitronenschale verquirlen. Mit dem Mehl zu einem glatten Teig verrühren. Die Eiweiße steif schlagen, 200 g Zucker nach und nach einrieseln lassen. Den Eischnee unter den Teig heben.

4. 2 EL Öl in einer Pfanne erhitzen. Die Hälfte des Teigs hineingeben, glatt streichen und mit 1 EL Rosinen gleichmäßig bestreuen. Den Schmarrn bei schwacher Hitze auf der Unterseite goldgelb backen, wenden und die zweite Seite backen.

5. Den Kaiserschmarrn mit der Gabel in mundgerechte Stücke zerteilen und warm halten. Auf diese Weise auch den zweiten Schmarrn backen. Mit Puderzucker bestäuben und mit dem Zwetschgenröster und Vanillesauce servieren.

TIPP

Vanillesauce

3 TL Speisestärke mit 2–3 EL Sojadrink mit Vanille von insgesamt 500 ml Sojadrink glatt rühren. Den restlichen Drink in einem Topf unter Rühren zum Kochen bringen. Die Speisestärke unterrühren und 1–2 Min. köcheln lassen, dabei weiterhin rühren. Ein Ei trennen. Die Vanillesauce vom Herd nehmen und das Eigelb unterziehen. Abkühlen lassen. Das Eiweiß steif schlagen und den Eischnee unter die warme Vanillesauce heben.

Nährwerte pro Portion bei 4 Portionen:

685 kcal • **14 g** Eiweiß • **18 g** Fett • **115 g** Kohlenhydrate

Kirschenmichel

FÜR 4 PERSONEN (1 AUFLAUFFORM, 1,5 l INHALT)

1 Glas entsteinte Sauerkirschen (Inhalt 680 g)
125 ml Sojadrink (mit Calcium)
12 Stück laktosefreier Zwieback (Reformhaus)
3 Eier
80 g Zucker
50 g gemahlene Mandeln
1 EL Kirschwasser
laktosefreie Margarine zum Fetten der Auflaufform

ZUBEREITUNGSZEIT ca. 20 Min.
BACKZEIT ca. 35–40 Min.

1. Die Sauerkirschen in einem Sieb abtropfen lassen, den Saft dabei auffangen. Den Sojadrink in einem kleinen Topf leicht erwärmen. Mit 70 ml Kirschsaft mischen. Den Zwieback in kleine Stücke brechen und in der Saftmischung einweichen.

2. Eine Auflaufform dünn mit Margarine fetten. Die Eier trennen. Die Eiweiße mit dem Zucker steif schlagen. Die gemahlenen Mandeln vorsichtig unterheben. Den Backofen vorheizen.

3. Die Eigelbe, die Kirschen und das Kirschwasser mit dem Zwieback verrühren. Den Nuss-Eischnee unterheben.

4. Den Kirschenmichel in die Form gießen. Im Ofen bei 200° (Mitte, Umluft 180°) 35–40 Min. backen. Herausnehmen und mit Puderzucker bestäubt servieren.

TIPP

Besonders gut dazu: die Vanillesauce von Seite 88.

Nährwerte pro Portion:

485 kcal • **13 g** Eiweiß • **18 g** Fett • **66 g** Kohlenhydrate

Zwetschgenknödel

FÜR 4 PERSONEN

750 g mehlig kochende Kartoffeln
150 g Mehl
1 Ei
16–18 reife Zwetschgen
16–18 Stück Würfelzucker
1 TL Salz
150 g laktosefreie Margarine
100 g Semmelbrösel
2–3 EL Puderzucker

ZUBEREITUNGSZEIT ca. 90 Min.
GARZEIT ca. 40 Min.

1. Die Kartoffeln waschen und in leicht gesalzenem Wasser in 25–30 Min. gar kochen. Abgießen und was ausdämpfen lassen. Pellen und durch die Kartoffelpresse drücken.

2. Die Kartoffelmasse in einer Schüssel mit Mehl und Ei mit den Knethaken des Handrührgeräts zu einem glatten Teig verkneten. 10 Min. ruhen lassen.

3. Währenddessen die Zwetschgen waschen, längs einschneiden, den Kern entfernen, die Zwetschgenhälften dabei nicht trennen. Jeweils mit 1 Stück Würfelzucker füllen. In einem großen Topf reichlich Wasser mit 1 TL Salz zum Kochen bringen.

4. Den Kartoffelteig auf bemehlter Arbeitsfläche zu einer etwa 5 cm dicken Teigrolle formen. Davon etwa 16–18 Scheiben abschneiden. Jede Scheibe ein wenig flach drücken und je 1 Zwetschge in die Mitte setzen. Den Teig einschlagen und zu einem Knödel formen.

5. Die Zwetschgenknödel im siedenden Salzwasser etwa 10 Min. ziehen lassen. Sie sind gar, sobald sie an der Oberfläche schwimmen.

6. Inzwischen die Margarine schmelzen und die Semmelbrösel darin bei mittlerer Hitze goldbraun rösten. Die Knödel aus dem Kochwasser heben, abtropfen lassen, in den Bröseln wälzen, mit Puderzucker bestäuben.

Nährwerte pro Portion:

685 kcal • **12 g** Eiweiß • **32 g** Fett • **86 g** Kohlenhydrate

Grießflammeri mit Kirschen

FÜR 4 PERSONEN
(1 AUFLAUFFORM, 2,5 l INHALT)
250 ml Sojadrink (Vanille)
250 ml Haferdrink
50 g Weichweizengrieß
1 Ei
75 g Zucker
1 Glas entsteinte Sauerkirschen (Inhalt 450 g)
2–3 TL Speisestärke (oder laktosefreies Puddingpulver Sahnegeschmack)
1 Zimtstange

ZUBEREITUNGSZEIT ca. 40 Min.
GARZEIT ca. 15 Min.

1. Den Soja- und den Haferdrink in einem Topf unter Rühren zum Kochen bringen. Von der Kochstelle nehmen und den Grieß nach und nach einrühren. Den Topf wieder auf den Herd stellen und den Grießbrei unter Rühren bei schwacher Hitze etwa 5 Min. köcheln lassen.

2. Das Ei trennen. Das Eiweiß mit 2 EL Zucker steif schlagen. Das Eigelb mit 2 EL der heißen Grießmasse verrühren. Zur restlichen Grießmasse geben und gleichmäßig unterrühren. Den Eischnee unterheben.

3. Eine Auflaufform kalt ausspülen. Die Grießmasse in die Form füllen und abkühlen lassen. Die Kirschen in einem Sieb abtropfen lassen, den Saft auffangen.

4. Die Speisestärke mit 2 EL Kirschsaft verrühren. Den restlichen Kirschsaft mit 50 g Zucker und der Zimtstange in einem kleinen Topf zum Kochen bringen. Aufkochen lassen, vom Herd ziehen, die Stärke einrühren und erneut aufkochen lassen. Die Kirschen unterheben und abkühlen lassen. Zum Grießflammeri servieren.

Nährwerte pro Portion:
290 kcal • **7 g** Eiweiß • **4 g** Fett • **57 g** Kohlenhydrate

Mousse au Chocolat

FÜR 6 PERSONEN
200 g Edelbitterschokolade
250 ml laktosefreie Schlagsahne, ungesüßt (z.B. Hopla)
3 Eier + 1 Eiweiß
40 g Puderzucker

ZUBEREITUNGSZEIT ca. 20 Min.
RUHEZEIT ca. 3 Std.

1. Die Schokolade grob zerkleinern und in einem kleinen Topf bei schwacher Hitze unter Rühren erwärmen, bis die Schokolade geschmolzen ist. Etwas abkühlen lassen.

2. Die Schlagsahne steif schlagen und kühl stellen. Die Eier trennen. Die Eiweiße steif schlagen. Die Eigelbe in einer Rührschüssel mit 2 EL heißem Wasser cremig rühren. Den Puderzucker hinzufügen und die Masse schaumig schlagen.

3. Die flüssige Schokolade unter die Eigelbmasse ziehen. Zuerst die Sahne, dann den Eischnee vorsichtig unterheben. Die Mousse in eine Dessertschüssel füllen und zugedeckt mindestens 3 Std. kalt stellen.

Nährwerte pro Portion:
350 kcal • **6 g** Eiweiß • **25 g** Fett • **27 g** Kohlenhydrate

Vanille-Eis

FÜR 4 PERSONEN
5 Eigelbe
80 g Puderzucker
250 ml Sojasahne
1 TL Vanillearoma

ZUBEREITUNGSZEIT ca. 15 Min.
GEFRIERZEIT ca. 12 Std.

1. Die Eigelbe mit dem Puderzucker in etwa 5 Min. zu einer dicken, hellgelben Creme aufschlagen.
2. Die Sojasahne ebenfalls luftig aufschlagen. Mit dem Vanillearoma würzen und gut verrühren. Die Sojasahne vorsichtig unter die Eicreme ziehen.
3. Die Vanillecreme in der Eismaschine fest werden und über Nacht gefrieren lassen. Keine Eismaschine? Siehe Tipp unten.

VARIANTE

Zabaione-Eis

25 g Rosinen in 2 EL süßem Marsala (ital. Dessertwein) an einem kühlen Ort zugedeckt über Nacht quellen lassen. Die Creme wie beschrieben zubereiten. Die Sojasahne mit 2 TL süßem Marsala würzen. Die Rosinen unter die Eicreme ziehen und das Eis gefrieren lassen.

Nährwerte pro Portion:

275 kcal • **5 g** Eiweiß • **19 g** Fett • **21 g** Kohlenhydrate

Schokoladen-Eis

FÜR 4 PERSONEN
70 g Edelbitterschokolade
5 Eigelbe
60 g Puderzucker
250 ml Sojasahne

ZUBEREITUNGSZEIT ca. 20 Min.
GEFRIERZEIT ca. 12 Min.

1. Die Schokolade im Wasserbad schmelzen und etwas abkühlen lassen.
2. Die Eigelbe und den Puderzucker zu einer dicken, hellgelben Creme aufschlagen. Die Schokolade unterrühren.
3. Die Sojasahne luftig aufschlagen und unter die Eier-Schokoladencreme heben.
4. Die Schokoladencreme in der Eismaschine fest werden und über Nacht gefrieren lassen. Keine Eismaschine? Siehe Tipp.

TIPP

Wenn Sie keine Eismaschine haben, dann können Sie die Eiscreme auch einfach in eine Metallschüssel füllen und sie in das Tiefkühlfach stellen. Während das Eis gefriert, sollten Sie die Creme immer wieder gut durchrühren. Auf diese Weise können sich keine zu großen Kristalle bilden und die Eiscreme wird schön cremig.

Nährwerte pro Portion:

345 kcal • **6 g** Eiweiß • **24 g** Fett • **26 g** Kohlenhydrate

Crème au Caramel

FÜR 4 PERSONEN (4 FLANFÖRMCHEN à 250 ml)

100 g Zucker
500 ml Sojadrink (mit Calcium)
1 Vanilleschote
3 Eier + 2 Eigelbe
30 g Puderzucker

ZUBEREITUNGSZEIT ca. 15 Min.
GARZEIT ca. 60 Min.

1. Die Flanförmchen im Backofen bei 150° heiß werden lassen. Den Zucker in einem Topf unter Rühren bei mittlerer Hitze schmelzen lassen. Vom Herd nehmen und zügig 3 EL heißes Wasser unterrühren.

2. Die Förmchen aus dem Ofen nehmen, jeweils mit einem Viertel der Karamellmasse füllen und schwenken, bis sie ganz mit Karamell beschichtet sind.

3. Eine flache Fettpfanne etwa 3 cm hoch mit Wasser füllen und in den Backofen schieben. Die Temperatur auf 175° (Umluft 160°) erhöhen.

4. Den Sojadrink in einen kleinen Topf geben. Die Vanilleschote längs aufritzen, das Mark herausschaben und in den Sojadrink geben. Die Vanilleschote ebenfalls hineingeben, langsam erhitzen und unter Rühren aufkochen lassen. Vom Herd nehmen, die Vanilleschote entfernen.

5. Eier, Eigelbe und Puderzucker verquirlen, den Sojadrink unterrühren. In die Förmchen verteilen. Ins Wasserbad stellen und im Ofen 45–60 Min. stocken lassen. Herausnehmen, abkühlen lassen. Mit einem Messer an den Rändern lösen und stürzen.

Nährwerte pro Portion:

270 kcal • **10 g** Eiweiß • **10 g** Fett • **35 g** Kohlenhydrate

Haselnuss-Soufflé

mit Schokoladensauce

FÜR 4 PERSONEN (1 SOUFFLÉFORM, 2,5 l INHALT)

50 g laktosefreie Margarine
50 g Mehl
80 g gemahlene Haselnusskerne
1/2 Vanilleschote
1 Msp. Zimtpulver
250 ml Sojadrink (mit Calcium)
4 Eier
50 g Zucker
laktosefreie Margarine und etwas Zucker für die Form

FÜR DIE SCHOKOLADENSAUCE

100 g Edelbitterschokolade
150 ml Sojasahne
1 TL Honig
1 unbehandelte Orange

ZUBEREITUNGSZEIT ca. 50 Min.
BACKZEIT ca. 45 Min.

1. Die Margarine mit dem Mehl verkneten. Zu einer Rolle formen, in Alufolie wickeln und 10 Min. ins Tiefkühlfach legen.

2. Die Haselnüsse in einer Pfanne ohne Fett goldbraun rösten. Die Vanilleschote längs halbieren, mit dem Zimtpulver und dem Sojadrink in einem kleinen Topf zum Kochen bringen. Die Vanilleschote mit einem Schaumlöffel herausheben, das Mark in den Sojadrink schaben.

3. Die Teigrolle in Scheiben schneiden und diese nacheinander zügig unter den kochenden Sojadrink rühren, um die Flüssigkeit zu binden. Den Topf vom Herd nehmen und den Teig in eine Rührschüssel geben.

4. Die Eier trennen. Die Eigelbe nacheinander unter die Vanillecreme rühren. Die Haselnüsse unterheben. Eine Souffléform dünn mit Margarine fetten und mit Zucker ausstreuen. Den Backofen vorheizen.

5. Die Eiweiße steif schlagen, dabei den Zucker nach und nach einrieseln lassen. Zunächst ein Drittel des Eischnees in die Nusscreme rühren, dann den Rest vorsichtig unterheben.

6. Das Soufflé im Backofen bei 180° (Mitte, Umluft 160°) etwa 25 Minuten backen. Die Hitze auf 200° (Umluft 180°) erhöhen und das Soufflé in etwa 20 Min. fertig backen.

7. Währenddessen die Schokolade in Stücke brechen. Mit Sojasahne und Honig in einem kleinen Topf erhitzen, bis die Schokolade geschmolzen ist. Die Orange heiß abwaschen, trockentupfen und ein Viertel der Schale mit dem Zestenreißer in feinen Streifen von der Frucht abziehen. In die Sauce rühren.

8. Das Soufflé auf vier Tellern verteilen, mit der Schokoladensauce begießen und mit Orangenzesten garniert servieren.

TIPP

Das Soufflé schmeckt auch sehr gut, wenn Sie es mit anderen Nuss-Sorten wie Mandeln oder Walnüssen zubereiten.
Sie können die Schokoladensauce zusätzlich mit etwas Rumaroma (aus dem Reformhaus) verfeinern.

Nährwerte pro Portion:

655 kcal • **15 g** Eiweiß • **48 g** Fett • **41 g** Kohlenhydrate

Bananen-Orangen-Shake

FÜR 2 PERSONEN
2 kleine Bananen
300 ml Haferdrink
150 ml Orangensaft
1–2 TL Honig

ZUBEREITUNGSZEIT ca. 5 Min.

1. Die Bananen schälen und in kleine Stücke schneiden.
2. Zusammen mit dem Haferdrink, dem Orangensaft und dem Honig mit dem Zauberstab fein pürieren. In hohe Gläser füllen und gekühlt servieren.

TIPP

Haben Sie Lust auf einen Kirsch-Bananen-Shake? Dann können Sie einfach den Orangensaft durch 150 ml Kirschsaft ersetzen.

Nährwerte pro Portion:

170 kcal • **5 g** Eiweiß • **3 g** Fett • **33 g** Kohlenhydrate

Heidelbeer-Joghurt-Shake

FÜR 2 PERSONEN
100 g Heidelbeeren (frisch oder tiefgekühlt)
250 ml Sojadrink Vanille
100 ml Reisdrink
250 g Sojajoghurt natur
3 TL Ahornsirup

ZUBEREITUNGSZEIT ca. 5 Min.

1. Frische Heidelbeeren putzen und waschen, tiefgekühlte Heidelbeeren antauen lassen.
2. Die Heidelbeeren mit dem Soja- und dem Reisdrink, dem Sojajoghurt und dem Ahornsirup pürieren. Gekühlt servieren.

TIPP

Der Joghurt-Shake schmeckt auch köstlich, wenn Sie andere Beerensorten, zum Beispiel Himbeeren oder Erdbeeren, verwenden.

Nährwerte pro Portion:

170 kcal • **10 g** Eiweiß • **6 g** Fett • **19 g** Kohlenhydrate

Schokopunsch

FÜR 2 PERSONEN
25 g Edelbitterschokolade
100 ml laktosefreie Schlagsahne, ungesüßt (z.B. Hopla)
50 ml Kokosmilch
200 ml heißer Kaffee
1 Prise gemahlener Kardamom
Zimtpulver
Puderzucker
ZUBEREITUNGSZEIT ca. 15 Min.

1. Die Schokolade in Stücke brechen. Die Hälfte der Schlagsahne in einem kleinen Topf erhitzen und die Schokolade unter Rühren darin auflösen.

2. Die Kokosmilch und den Kaffee unter die Schokoladenmilch rühren und den Schokopunsch erhitzen.

3 Nach Geschmack mit einer Prise Kardamom und ein wenig Zimtpulver abschmecken.

4 Die restliche Schlagsahne mit einer Prise Puderzucker steif schlagen. Den Schokopunsch in zwei Gläser füllen und jeweils mit einem Sahnehäubchen garniert servieren.

Nährwerte pro Portion:
235 kcal • **2 g** Eiweiß • **21 g** Fett • **10 g** Kohlenhydrate

Latte Macchiato

FÜR 2 PERSONEN
400 ml Sojadrink (mit Calcium)
2 Tässchen frischer Espresso
ZUBEREITUNGSZEIT ca. 10 Min.

1. Den Sojadrink in einem kleinen Topf erhitzen, aber nicht kochen lassen. Mit dem Zauberstab oder einem Milchaufschäumer gut schaumig schlagen.

2. Den Sojadrink in zwei hohe Gläser gießen. Jeweils 1 Tässchen Espresso langsam über den Rücken eines Teelöffels in die Gläser fließen lassen.

Nährwerte pro Portion:
70 kcal • **6 g** Eiweiß • **4 g** Fett • **4 g** Kohlenhydrate

Apfelkuchen

mit Zimtsahne

FÜR ca. 12 STÜCK (1 SPRINGFORM, 26 cm Ø)

FÜR DEN MÜRBETEIG

375 g Mehl
200 g laktosefreie Margarine
175 g Zucker
1 Ei, 1 Prise Salz
Mehl zum Ausrollen

FÜR FÜLLUNG UND GUSS

1 kg Äpfel
100 g Zucker
Saft von 1/2 Zitrone
125 g gemahlene Mandeln
75 g Rosinen
1 TL Zimt
3 EL Puderzucker

FÜR DIE ZIMTSAHNE

250 ml laktosefreie Schlagsahne, ungesüßt (z.B. Hopla)
1 Päckchen Vanillezucker
1 TL Zimt

ZUBEREITUNGSZEIT ca. 50 Min.
RUHEZEIT ca. 2 Std.
BACKZEIT ca. 50 Min.

1. Das Mehl mit der Margarine, dem Zucker, dem Ei und Salz zu einem glatten Mürbeteig verkneten. Den Teig in Frischhaltefolie wickeln und 2 Std. kalt stellen.
2. Gegen Ende der Kühlzeit die Füllung vorbereiten. Die Äpfel waschen, schälen, entkernen und in Spalten schneiden. Mit Zucker, Zitronensaft, Mandeln, Rosinen und Zimt mischen. Den Backofen vorheizen.
3. Ein Drittel des Teigs auf bemehlter Arbeitsfläche in Größe der Springform dünn ausrollen. In die ungefettete Form legen. Das zweite Drittel zu einer Rolle formen und den Rand der Form so auskleiden, dass dabei ein etwa 5 cm hoher Rand entsteht.
4. Den Mürbeteig in der Form mehrmals mit einer Gabel einstechen. Die Apfelmischung gleichmäßig darauf verteilen.
5. Den restlichen Teig ebenfalls in Größe der Springform dünn ausrollen. Den Teig über das Nudelholz rollen und über den Äpfeln in der Form wieder abrollen. Vorsichtig mehrmals mit der Gabel einstechen und am Rand etwas festdrücken.
6. Den Kuchen im Backofen bei 200° (Mitte, Umluft 180°) etwa 50 Min. backen.
7. Den Puderzucker mit 1 EL kaltem Wasser zu einem glatten Guss verrühren. Den heißen Apfelkuchen damit bestreichen und den Kuchen abkühlen lassen.
8. Die Sahne mit Vanillezucker und Zimt steif schlagen und zum Apfelkuchen servieren.

TIPP

Besonders gut schmeckt der lauwarme Apfelkuchen mit Vanilleeis und Sahne.

Nährwerte pro Portion:

520 kcal • **7 g** Eiweiß • **26 g** Fett • **67 g** Kohlenhydrate

Pfirsich-Sahnetorte

FÜR ca. 12 STÜCK
(1 SPRINGFORM, 26 cm Ø)

FÜR DEN TEIG

3 Eier
100 g Zucker
1 Päckchen Vanillezucker
75 g Mehl
75 g Speisestärke
1 TL Backpulver

FÜR CREME UND VERZIERUNG

500 g Sojajoghurt (Pfirsichgeschmack)
50 g Puderzucker
1 Päckchen Vanillezucker
abgeriebene Schale von 1/2 unbehandelten Zitrone
3 Blatt weiße Gelatine
300 ml laktosefreie Schlagsahne, ungesüßt (z.B. Hopla)
500 g Pfirsiche aus der Dose
6 EL Pfirsichsaft
2 EL Pfirsichlikör (ersatzweise Pfirsichsaft)
1 TL Puderzucker
Backpapier und laktosefreie Margarine für die Form

ZUBEREITUNGSZEIT ca. 90 Min.
RUHEZEIT ca. 3 Std.
BACKZEIT ca. 25 Min.

1. Eine Springform mit Backpapier auslegen, den Rand dünn fetten. Den Backofen vorheizen. Die Eier mit 3 EL warmem Wasser schaumig schlagen. Zucker und Vanillezucker unter Rühren einrieseln lassen. Mehl, Stärke und Backpulver darüber sieben und vorsichtig unterheben.

2. Den Teig in die Springform füllen und glatt streichen. Im Backofen bei 180° (Mitte, Umluft 160°) etwa 25 Min. backen.

3. Inzwischen die Gelatine etwa 5 Min. in kaltem Wasser einweichen. Den Sojajoghurt mit Puderzucker, Vanillezucker und Zitronenschale in einer Schüssel verrühren. Die Gelatine ausdrücken, in einem kleinen Topf unter Rühren bei schwacher Hitze langsam auflösen. 3 EL der Joghurtcreme unterrühren, dann die Gelatinemischung unter die restliche Joghurtcreme rühren. Etwa 20 Min. kalt stellen.

4. Den Biskuitboden vorsichtig vom Springformrand lösen und auf eine Tortenplatte stürzen. Das Backpapier abziehen und den Boden auskühlen lassen.

5. Die Pfirsiche abtropfen lassen, den Saft auffangen. Einen halben Pfirsich beiseite stellen. 6 EL Pfirsichsaft mit dem Pfirsichlikör mischen. 200 ml Schlagsahne steif schlagen und unter die Joghurtcreme heben.

6. Den Biskuitboden einmal waagerecht durchschneiden. Den unteren Boden auf die Tortenplatte legen und mit einem Tortenring umschließen. Den Boden mit 3 EL der Likörmischung beträufeln. Die Pfirsiche mit der Wölbung nach unten gleichmäßig darauf verteilen.

7. Zwei Drittel der Joghurtcreme darauf glatt streichen. Den zweiten Boden aufsetzen und mit 5 EL der Likörmischung beträufeln. Die Torte rundum mit der restlichen Creme bestreichen.

8. 100 ml Sahne mit 1 TL Puderzucker steif schlagen. Den halben Pfirsich in 12 kleine Stücke schneiden. Die Sahne in einen Spritzbeutel füllen und die Torte mit Sahnetupfen und den Pfirsichstückchen verzieren. Die Pfirsichtorte mindestens 2 Std. kühl stellen.

Nährwerte pro Portion:

325 kcal • **4 g** Eiweiß • **19 g** Fett • **34 g** Kohlenhydrate

Mohn-Cremekuchen

FÜR 16 STÜCK (1 BACKBLECH, ca. 33 x 33 cm)

FÜR DEN TEIG

400 g Mehl
1 TL Backpulver
abgeriebene Schale von 1/2 unbehandelten Zitrone
100 g Zucker, Salz
1 Päckchen Vanillezucker
200 g laktosefreie Margarine
2 Eier

FÜR DIE CREME

50 g laktosefreie Margarine
400 g Seidentofu (Naturkostladen)
250 g Tofu natur
160 g Zucker
abgeriebene Schale von 1 unbehandelten Zitrone
2 Eier
1 Packung laktosefreies Puddingpulver (Sahnegeschmack)
1 Päckchen Bourbon-Vanillearoma

FÜR DEN MOHNBELAG

2 Packungen Mohnback
3 Eier
50 g Rumrosinen

ZUM BESTREICHEN

1 Eigelb
1 EL Sojadrink
etwas Mehl zum Arbeiten
laktosefreie Margarine fürs Blech

ZUBEREITUNGSZEIT ca. 40 Min.
RUHEZEIT ca. 30 Min.
BACKZEIT ca. 45 Min.

1. Das Mehl und das Backpulver mischen. Mit Zitronenschale, Zucker, Salz, Vanillezucker, Margarine und den Eiern zu einem glatten Teig verkneten. Den Mürbeteig in Frischhaltefolie wickeln und 30 Min. kalt stellen.
2. Die Margarine in einem kleinen Topf schmelzen und etwas abkühlen lassen. Beide Sorten Tofu in Stücke schneiden und fein pürieren. Die Tofucreme in eine Rührschüssel umfüllen. Zucker, Zitronenschale, Eier, Puddingpulver, Vanillearoma und die Margarine hinzufügen und mit den Schneebesen des Handrührgeräts verrühren.
3. Den Backofen vorheizen. Mohnback und Eier verrühren. Die Rosinen unterheben.
4. Ein Backblech dünn mit Margarine fetten. Zwei Drittel des Teigs auf das Blech geben. Die Tofucreme gleichmäßig darauf verstreichen und den Kuchen im Ofen bei 175° (Mitte, Umluft 160°) etwa 10 Min. vorbacken.
5. Inzwischen den restlichen Teig auf bemehlter Arbeitsfläche ausrollen und mit einem gezackten Teigrädchen in fingerbreite Streifen schneiden.
6. Den Kuchen aus dem Backofen nehmen. Den Mohnbelag gleichmäßig auf die Creme streichen und die Teigstreifen gitterartig darauf legen. Eigelb und Sojadrink verrühren und die Teigstreifen damit bestreichen. Den Kuchen im Ofen in etwa 35 Min. fertig backen.

TIPP

Der Cremekuchen sollte am besten immer 10 Min. vorgebacken werden, damit der Mohnbelag nicht durch die Tofucreme auf den Teigboden sinkt. Dann wird der Belag schön fest.

Nährwerte pro Portion:

460 kcal • **11 g** Eiweiß • **23 g** Fett • **53 g** Kohlenhydrate

Zitronentarte

FÜR 12 STÜCK
(1 SPRING- oder -TARTEFORM, 26 cm Ø)

FÜR DEN TEIG

200 g Mehl
50 g Zucker
1 Päckchen Vanillezucker
abgeriebene Schale von 1 unbehandelten Zitrone
100 g laktosefreie Margarine
1 Eigelb, 1 Prise Salz

FÜR DIE FÜLLUNG

70 g laktosefreie Margarine
1 unbehandelte Zitrone
125 g Zucker
3 Eier
Puderzucker zum Bestäuben

ZUBEREITUNGSZEIT ca. 30 Min.
RUHEZEIT ca. 1 Std.
BACKZEIT ca. 45 Min.

1. Für den Teig das Mehl mit Zucker, Vanillezucker und Zitronenschale mischen. Mit Margarine, Eigelb und Salz rasch zu einem glatten Teig verkneten.

2. Den Teig zwischen zwei Lagen Klarsichtfolie rund ausrollen – etwas größer als der Durchmesser der Springform. In die ungefettete Form legen und dabei einen 2–3 cm hohen Rand formen. 1 Std. kühl stellen.

3. Den Backofen vorheizen. Den Teigboden mehrmals mit einer Gabel einstechen und bei 180° (Mitte, Umluft 160°) etwa 10 Min. vorbacken.

4. Für die Füllung die Margarine in einem kleinen Topf schmelzen lassen. Die Zitrone heiß waschen und mit Küchenpapier trockentupfen. Die Schale abreiben und den Saft auspressen. Zucker, Eier und Zitronenschale schaumig schlagen. Die flüssige Margarine und den Zitronensaft unter Rühren hinzufügen.

5. Den Boden aus dem Ofen nehmen. Die Zitronenmasse darauf verteilen und glatt streichen. In etwa 35 Min. fertig backen. Die Tarte nach dem Backen abkühlen lassen und mit Puderzucker bestäubt servieren.

TIPP

Die Tarte gelingt auch dann, wenn beim Einrühren des Zitronensafts die Creme unter Umständen gerinnt.

Nährwerte pro Portion:

255 kcal • **4 g** Eiweiß • **14 g** Fett • **29 g** Kohlenhydrate

Sonntagswaffeln

FÜR 8 WAFFELN

125 g laktosefreie Margarine
50 g Zucker
3 Eier
75 g Weizenmehl
1 Msp. Backpulver
4 EL Sojadrink (mit Calcium)
75 g gemahlene Haselnüsse (ersatzweise Mandeln)
Öl für das Waffeleisen
Puderzucker, Zimt zum Bestäuben

ZUBEREITUNGSZEIT ca. 30 Min.

1. Die Margarine mit dem Zucker schaumig rühren. Die Eier trennen. Die Eigelbe zur Margarine geben und verrühren. Die Eiweiße steif schlagen.

2. Das Mehl mit dem Backpulver gut mischen.

3. Den Sojadrink, das Mehlgemisch und die Haselnüsse abwechselnd unter die Eimasse rühren. Die Eiweiße unterheben.

4. Das Waffeleisen vorheizen und nach Bedarf leicht fetten. Den Teig portionsweise in das Waffeleisen streichen und nacheinander 8 goldgelbe Waffeln backen.

5. Die Waffeln mit Puderzucker und Zimt leicht bestäuben und noch warm servieren.

Nährwerte pro Portion:

290 kcal • **5 g** Eiweiß • **23 g** Fett • **14 g** Kohlenhydrate

Rotweinkuchen

FÜR 16 STÜCK (1 BACKBLECH, ca. 33 x 33 cm)

FÜR DEN TEIG

6 Eier
350 g laktosefreie Margarine
300 g Zucker
2 Päckchen Vanillezucker
350 g Mehl
1 Päckchen + 1 TL Backpulver
1 TL Zimt, 150 ml Rotwein
100 g Raspelschokolade Zartbitter
laktosefreie Margarine fürs Blech

FÜR DEN GUSS

200 g Puderzucker
6 EL Rotwein

ZUBEREITUNGSZEIT ca. 15 Min.

BACKZEIT ca. 50 Min.

1. Die Eier trennen. Die Eiweiße kalt stellen. Die Eigelbe mit Margarine, Zucker und Vanillezucker schaumig rühren.
2. Das Mehl mit dem Backpulver und dem Zimt mischen, über die Eicreme sieben und unterrühren. Nach und nach den Rotwein hinzufügen und unterrühren. Die Raspelschokolade unter den Teig heben.
3. Den Backofen vorheizen. Ein Backblech dünn mit Margarine fetten. Die Eiweiße steif schlagen. Den Eischnee vorsichtig unter den Teig ziehen.
4. Den Teig gleichmäßig auf dem Blech verstreichen und im Ofen bei 175° (Mitte, Umluft 160°) etwa 50 Min. backen.
5. Für den Guss den Puderzucker mit dem Rotwein glatt rühren. Den Kuchen aus dem Ofen nehmen und noch warm mit dem Guss überziehen.

TIPP

In der Weihnachtszeit können Sie den Zimt durch Lebkuchengewürz ersetzen.

Nährwerte pro Portion:

435 kcal • **5 g** Eiweiß • **22 g** Fett • **52 g** Kohlenhydrate

Marmorkuchen

FÜR 12 STÜCK (1 NAPFKUCHENFORM, 22 cm Ø)

6 Eier
200 g Zucker
150 ml Rapsöl
200 g Mehl
5 EL Kakao
laktosefreie Margarine und Mehl für die Form
Puderzucker zum Bestäuben

ZUBEREITUNGSZEIT ca. 15 Min.

BACKZEIT ca. 40 Min.

1. Die Eier trennen. Die Eigelbe mit dem Zucker cremig schlagen. Das Öl in dünnem Strahl unter Rühren hinzufügen. 6 EL kaltes Wasser unterrühren, dann das Mehl unterheben.
2. Die Eiweiße steif schlagen. Den Eischnee unter den Teig heben. Den Backofen vorheizen.
3. Eine Napfkuchenform dünn mit Margarine fetten und mit etwas Mehl bestäuben. Zwei Drittel des Teigs in die Form füllen. Das letzte Drittel mit dem Kakao verrühren und auf dem hellen Teig verteilen.
4. Mit einer Gabel die beiden Teige spiralförmig so ineinander ziehen, dass eine Marmorierung entsteht.
5. Den Kuchen im Ofen bei 175° (Mitte, Umluft 160°) ca. 40 Min. backen. In der Form etwas abkühlen lassen. Auf ein Kuchengitter stürzen, auskühlen lassen und mit Puderzucker bestäuben.

TIPP

Verfeinern Sie den Kakaoteig auch einmal mit etwas Rum oder Rumaroma.

Nährwerte pro Portion:

265 kcal • **6 g** Eiweiß • **13 g** Fett • **30 g** Kohlenhydrate

Hefezopf

mit Aprikosen-Marzipan-Füllung

FÜR 12 STÜCK (1 BACKBLECH)

FÜR DEN TEIG

125 ml Sojadrink (mit Calcium)
500 g Mehl
1 Päckchen Trockenbackhefe
1 Päckchen Vanillezucker
50 g Zucker
1 Prise Salz
100 g laktosefreie Margarine
2 Eier

FÜR DIE FÜLLUNG

200 g getrocknete Aprikosen
200 g Marzipanrohmasse
3 EL Sojadrink (mit Calcium)
2 EL Apricot-Brandy (ersatzweise Sojadrink)
2 EL Aprikosenkonfitüre
1 Eigelb
Mehl zum Ausrollen
Puderzucker zum Bestäuben

ZUBEREITUNGSZEIT ca. 60 Min.
RUHEZEIT ca. 80 Min.
BACKZEIT ca. 40–45 Min.

1. Den Sojadrink in einem kleinen Topf leicht erwärmen. Mehl, Trockenbackhefe, Vanillezucker, Zucker und Salz mischen. Mit dem lauwarmen Sojadrink, der Margarine und den Eiern zu einem glatten Teig verkneten. Den Teig zugedeckt an einem warmen Ort etwa 1 Std. gehen lassen.
2. Die Aprikosen mit heißem Wasser übergießen und 30 Min. einweichen. In einem Sieb abtropfen lassen und fein hacken. Mit der Marzipanrohmasse, 2 EL Sojadrink, Apricot-Brandy und Aprikosenkonfitüre verrühren.
3. Den Teig erneut gut durchkneten, zu einer Rolle formen und diese in 3 Portionen gleicher Größe teilen. Auf der bemehlten Arbeitsfläche daraus jeweils ein Rechteck von ca. 20 x 40 cm ausrollen. Jedes Rechteck gleichmäßig mit je einem Drittel der Aprikosenfüllung bestreichen.
4. Die Teigstücke von der Längsseite her zu einem etwa 40 cm langen Strang aufrollen. Die drei Stränge vorsichtig zu einem Zopf flechten, die Enden fest zusammendrücken und nach unten umschlagen.
5. Ein Backblech mit Backpapier belegen und den Hefezopf darauf setzen. Zugedeckt an einem warmen Ort weitere 20 Min. gehen lassen.
6. Das Eigelb mit 1 EL Sojadrink verrühren und den Hefezopf gleichmäßig damit bestreichen. Im Backofen bei 175° (Mitte, Umluft 160°) etwa 40–45 Min. backen. Den Zopf nach 25 Min. mit Alufolie abdecken, damit er nicht zu braun wird.
7. Den Hefezopf nach dem Backen etwas abkühlen lassen. Mit Puderzucker bestäuben und am besten frisch servieren.

Nährwerte pro Portion:

390 kcal • **9 g** Eiweiß • **13 g** Fett • **57 g** Kohlenhydrate

Rübli-Muffins

FÜR 12 STÜCK
200 g Möhren
125 g laktosefreie Margarine
80 g Zucker
1 Päckchen Vanillezucker
1/2 TL Zimt
3 Eier
200 g Mehl
2 1/2 TL Backpulver
100 g gemahlene Haselnusskerne
6 EL Sojadrink (mit Calcium)

FÜR DEN GUSS
100 g Puderzucker
1 EL Zitronensaft
2 EL gehackte Pistazien
24 Papierförmchen

ZUBEREITUNGSZEIT 20 Min.
BACKZEIT 25 Min.

1. Die Möhren putzen, waschen und fein raspeln. Je 2 Papierförmchen in die Vertiefungen der Muffinform setzen. Den Backofen vorheizen.
2. Die Margarine mit Zucker, Vanillezucker und Zimt in einer Schüssel schaumig schlagen. Die Eier jeweils einzeln unterrühren.
3. Das Mehl und das Backpulver mischen, über die Eicreme sieben und vorsichtig unterrühren. Die Haselnüsse unterheben. Die Möhrenraspel und den Sojadrink unterziehen.
4. Den Teig mit einem Esslöffel gleichmäßig in die Papierförmchen verteilen. Im Ofen bei 180° (Mitte, Umluft 160°) 25 Min. backen. Abkühlen lassen.
5. Den Puderzucker mit dem Zitronensaft und 1–2 EL Wasser zu einem glatten Guss verrühren. Die Muffins damit bestreichen und mit den gehackten Pistazien bestreuen.

TIPP

Statt Haselnüssen können Sie auch gemahlene Walnüsse oder Mandeln verwenden.

Nährwerte pro Portion:
285 kcal • **5 g** Eiweiß • **16 g** Fett • **30 g** Kohlenhydrate

Cappucino-Muffins

FÜR 12 STÜCK
250 ml Sojadrink (mit Calcium)
4 TL Instant-Espresso
2 Eier, Salz, 100 g brauner Zucker
100 g laktosefreie Margarine
75 g Mokkabohnen
1/2 TL gemahlener Kardamom (ersatzweise Zimtpulver)
200 g Mehl
50 g Grieß
2 1/2 TL Backpulver

FÜR DEN GUSS
100 g Zartbitterkuvertüre
2 TL laktosefreie Margarine
1 EL Instant-Espresso
24 Papierförmchen

ZUBEREITUNGSZEIT ca. 20 Min.
BACKZEIT ca. 25 Min.

1. Den Sojadrink in einem kleinen Topf leicht erwärmen, das Espressopulver darin gut auflösen, dann abkühlen lassen. Den Backofen vorheizen. Je 2 Papierförmchen in die Vertiefungen der Muffinform setzen.
2. Die Eier trennen. Die Eiweiße mit 1 Prise Salz steif schlagen. Die Eigelbe mit dem Zucker und der Margarine verrühren.
3. Die Mokkabohnen grob hacken und zusammen mit dem Kardamom unter die Eigelbmasse rühren.
4. Das Mehl, den Grieß und das Backpulver mischen und abwechselnd mit dem Espresso-Sojadrink unter die Eicreme rühren. Den Eischnee unterheben.
5. Den Teig mit einem Esslöffel gleichmäßig in die Papierförmchen verteilen. Im Ofen bei 200° (Mitte, Umluft 180°) 25 Min. backen. Etwas abkühlen lassen.
6. Die Kuvertüre im heißen Wasserbad schmelzen lassen und mit Margarine und Espressopulver verrühren. Die Muffins gleichmäßig damit bestreichen.

Nährwerte pro Portion:
270 kcal • **5 g** Eiweiß • **13 g** Fett • **32 g** Kohlenhydrate

Heidelbeer-Muffins

FÜR 12 STÜCK

175 g Heidelbeeren (frisch oder tiefgekühlt)
175 g laktosefreie Margarine
150 g brauner Zucker
1 Päckchen Vanillezucker
4 Eier, Salz
325 g Mehl
1 Päckchen Backpulver
5 EL Sojadrink (mit Calcium)
Puderzucker zum Bestäuben
24 Papierförmchen

ZUBEREITUNGSZEIT ca. 25 Min.
BACKZEIT ca. 30 Min.

1. Frische Heidelbeeren in einem Sieb kalt abspülen, gut abtropfen lassen. Tiefgekühlte Beeren antauen lassen, nicht auftauen. Den Backofen vorheizen. Je 2 Papierförmchen in die Vertiefungen der Muffinform setzen.
2. Die Margarine mit Zucker, Vanillezucker und 1 Prise Salz schaumig schlagen. Die Eier einzeln unterrühren. Mehl und Backpulver mischen und abwechselnd mit dem Sojadrink unter die Eicreme rühren.
3. Den Teig mit einem Esslöffel in die Förmchen verteilen. Die Heidelbeeren darauf streuen. Im Ofen bei 175° (Mitte, Umluft 160°) etwa 25–30 Min. backen. Kurz auskühlen lassen und mit Puderzucker bestäuben.

TIPP

Sie können auch frische oder tiefgekühlte Himbeeren verwenden. Die Beeren mit Mehl bestäuben und vosichtig unter den Teig mischen.

Nährwerte pro Portion:
290 kcal • **6 g** Eiweiß • **14 g** Fett • **35 g** Kohlenhydrate

Brownies

FÜR 16 STÜCK (1 BACKBLECH, 33 x 33 cm)

250 g Edelbitterschokolade
170 g Walnusskerne
6 Eier, 300 g Zucker
1 Päckchen Vanillezucker
1 TL Vanillearoma, Salz
6 EL gebrühter, starker Kaffee
250 ml Rapsöl
150 g Mehl, 35 g Kakao
2 TL Backpulver

FÜR DEN GUSS

200 g Zartbitterkuvertüre
40 g Honig
80 ml Sojasahne
Backpapier fürs Blech

ZUBEREITUNGSZEIT ca. 30 Min.
BACKZEIT ca. 35 Min.

1. Die Schokolade fein hacken, im Wasserbad schmelzen und etwas abkühlen lassen. Die Walnüsse hacken. Den Backofen vorheizen.
2. Die Eier mit dem Zucker, dem Vanillezucker, dem Vanillearoma und einer Prise Salz sehr cremig rühren. 3 EL Kaffee und das Öl unterrühren.
3. Das Mehl mit 25 g Kakao und dem Backpulver mischen und auf die Eimasse sieben. Zusammen mit den Walnüssen und der Schokolade unterrühren.
4. Das Backblech mit Backpapier belegen und den Teig darauf verstreichen. Im Backofen bei 175° (Mitte, Umluft 160°) etwa 30–35 Min. backen. Den heißen Kuchen mit dem restlichen Kaffee tränken, abkühlen lassen.
5. Die Kuvertüre in einem kleinen Topf mit Honig und Sojasahne unter Rühren erhitzen, bis sie geschmolzen ist. Den Kuchen mit der Kuvertüre bestreichen. Kurz trocknen lassen, dann mit dem restlichen Kakao bestäuben. Den Kuchen in Rechtecke zerteilen.

Nährwerte pro Portion:
455 kcal • **7 g** Eiweiß • **27 g** Fett • **45 g** Kohlenhydrate

Walnuss-Cookies mit Schokolade

FÜR 60 STÜCK (1 BACKBLECH)

200 g Edelbitterschokolade
150 g Walnüsse
350 g Mehl
1 EL abgeriebene Schale von 1 unbehandelten Orange
200 g Puderzucker
1 Prise Salz
1 EL Backpulver
1 Vanilleschote
200 g laktosefreie Margarine
2 Eier

ZUBEREITUNGSZEIT ca. 40 Min.
RUHEZEIT ca. 12 Std.
BACKZEIT ca. 20 Min.

1. Die Schokolade und die Walnüsse fein hacken. Mehl, Orangenschale, Zucker, Salz und Backpulver mischen. Das Mark der Vanilleschote herauskratzen. Mit Margarine, Eiern, Schokolade und Nüssen zum Mehl geben. Mit den Knethaken des Handrührgeräts zu einem Teig verarbeiten.
2. Den Teig in 3 Portionen teilen und daraus jeweils 5 cm dicke Rollen formen. Jede Rolle in Klarsichtfolie wickeln und über Nacht kühl stellen.
3. Den Backofen vorheizen. Ein Backblech mit Backpapier belegen. Die Teigrollen in etwa 1/2 cm dicke Scheiben schneiden. Die Scheiben zu runden Plätzchen formen. Mit reichlich Abstand auf das Blech legen.
4. Die Walnuss-Cookies im Backofen bei 175° (Mitte, Umluft 160°) etwa 20 Min. backen. Herausnehmen und auf einem Kuchengitter auskühlen lassen. Zum Aufbewahren am besten in eine Dose legen.

Nährwerte pro Portion:
95 kcal • **1 g** Eiweiß • **5 g** Fett • **10 g** Kohlenhydrate

Kulleraugen

FÜR 40 STÜCK

200 g laktosefreie Margarine
100 g Zucker
1 Vanilleschote
2 Eigelbe, Salz
300 g Mehl
80 g gemahlene Haselnusskerne
50 g Puderzucker
150 g Johannisbeerkonfitüre
Backpapier fürs Blech

ZUBEREITUNGSZEIT 40 Min.
RUHEZEIT 2 Std.
BACKZEIT 15 Min.

1. Die Margarine mit dem Zucker cremig rühren. Das Mark der Vanilleschote herauskratzen und mit den Eigelben und 1 Prise Salz unterrühren. Das Mehl darüber sieben, die Haselnüsse hinzufügen und alles zu einem glatten Teig verkneten. Den Teig in Frischhaltefolie wickeln und 2 Std. kalt stellen.
2. Den Backofen vorheizen. Ein Backblech mit Backpapier belegen. Den Teig in 4 Portionen teilen und diese jeweils zu einer langen, dünnen Rolle formen. Davon jeweils 10 Scheiben abschneiden. Die Scheiben mit den Händen zu Kugeln formen und mit dem Ende eines Kochlöffelstiels kleine Vertiefungen hineindrücken.
3. Die Plätzchen auf das Blech legen. Im Ofen bei 180° (Mitte, Umluft 160°) etwa 15 Min. backen. Aus dem Ofen nehmen, abkühlen lassen und mit Puderzucker bestäuben.
4. Die Johannisbeerkonfitüre in einem kleinen Topf erhitzen und mit einem Teelöffel in die Vertiefungen der Kulleraugen füllen. Über Nacht trocknen lassen.

Nährwerte pro Portion:
100 kcal • **1 g** Eiweiß • **6 g** Fett • **12 g** Kohlenhydrate

Nougatkipferl

FÜR 40 STÜCK
100 g laktosefreie Margarine
200 g laktosefreier Nougat
2 Eier, Salz
1 Päckchen Vanillezucker
300 g Mehl
1/2 TL Backpulver
50 g Zartbitterkuvertüre

ZUBEREITUNGSZEIT ca. 40 Min.
RUHEZEIT ca. 1 Std.
BACKZEIT ca. 15 Min.

1. Die Margarine mit dem Nougat verkneten. Die Eier, 1 Prise Salz und Vanillezucker gut untermischen. Mehl und Backpulver nach und nach unter die Nougatmasse kneten. Den Teig zu einer Kugel formen, in Frischhaltefolie wickeln und 1 Std. kalt stellen.
2. Den Backofen vorheizen. Ein Backblech mit Backpapier belegen. Den Teig in 5 Portionen teilen und jeweils zu einer 50 cm langen, dünnen Rolle formen. Davon je 8 gleich lange Stücke abschneiden, zu Hörnchen (Kipferl) formen, auf das Blech legen.
3. Die Nougatkipferl im Backofen bei 180° (Mitte, Umluft 160°) in etwa 10–15 Min. hellbraun backen. Die Kipferl kurz abkühlen lassen, mit einem breiten Messer vorsichtig vom Backblech heben und auf einem Kuchengitter weiter abkühlen lassen.
4. Die Kuvertüre im Wasserbad schmelzen lassen und die Kipferl mit den Spitzen in die Kuvertüre tauchen. Danach auf dem Kuchengitter gut trocknen lassen. Die Nougatkipferl in einer Dose aufbewahren.

Nährwerte pro Portion:

80 kcal • **1 g** Eiweiß • **4 g** Fett • **10 g** Kohlenhydrate

Rum-Trüffel

FÜR 35 STÜCK
200 g Edelbitterkuvertüre
125 g laktosefreie Margarine
125 g Puderzucker
1 Päckchen Rumback (ersatzweise 4 Tropfen Rumaroma)
2 EL Rum
200 g Zartbitterkuvertüre
etwa 35 Pralinenförmchen

ZUBEREITUNGSZEIT ca. 45 Min.
RUHEZEIT ca. 1 Std.

1. Die Schokolade grob zerkleinern, im heißen Wasserbad unter Rühren schmelzen und etwas abkühlen lassen.
2. Die Margarine mit dem Puderzucker schaumig rühren. Die noch flüssige Schokolade unterziehen. Rumback und Rum hinzufügen und verrühren.
3. Die Trüffelmasse zugedeckt etwa 1 Std. kalt stellen, bis sie halbfest geworden ist.
4. Mit einem Teelöffel kleine Portionen von der Trüffelmasse abnehmen und zu kleinen Kugeln formen. Die Kuvertüre im Wasserbad schmelzen, die Kugeln eintauchen und auf Alufolie trocknen lassen. In Pralinenförmchen setzen und verschlossen kühl aufbewahren.

TIPP

Die Trüffel schmecken frisch am besten. Genießen Sie diese Leckerei möglichst innerhalb von 14 Tagen.

Nährwerte pro Portion:

70 kcal • **0 g** Eiweiß • **5 g** Fett • **7 g** Kohlenhydrate

Orangen-Schokoladen-Trüffel

FÜR ca. 25 STÜCK
40 g Orangeat
200 g Edelbitterschokolade
40 g laktosefreie Margarine
2 Eigelbe
2 EL Sojasahne
1 EL Orangenlikör
1 Vanilleschote
2 EL Kakao
etwa 25 Pralinenförmchen

ZUBEREITUNGSZEIT ca. 30 Min.
RUHEZEIT ca. 45 Min.

1. Das Orangeat fein hacken. Die Schokolade etwas zerkleinern und im heißen Wasserbad unter Rühren schmelzen lassen. Nacheinander Margarine, Eigelbe, Sojasahne und Orangenlikör unter die Schokolade rühren.
2. Das Mark der Vanilleschote herauskratzen. Mit dem Orangeat zur Schokoladenmasse geben und gut unterrühren. Die Trüffelcreme abgedeckt etwa 45 Min. kalt stellen.
3. Den Kakao in einen tiefen Teller geben. Aus der Trüffelmasse mit den Händen etwa 25 kleine Kugeln formen. Die Kugeln einzeln im Kakao wälzen und in die Pralinenförmchen setzen. Die Trüffel gut verschlossen kühl aufbewahren.

Nährwerte pro Portion:

70 kcal • **1 g** Eiweiß • **5 g** Fett • **6 g** Kohlenhydrate

Glossar und Einkaufstipps

Wo Sie laktosefreie Produkte finden

Aromen: Laktosefreie Flüssigaromen werden in kleinen Fläschchen z.B. von Dr. Oetker angeboten (Zitronenaroma, Bittermandelaroma, Rumaroma, Butter-Vanille-Aroma). Sie können viele Arten natürlicher Aromen selbstverständlich auch im Reformhaus kaufen (z.B. Vanille, Bittermandel, Rum und Zitrone von Holo im 20-ml-Fläschchen).

Backwaren: Vielleicht können Sie einen Bäcker in Ihrer Nähe nach den einzelnen Zutaten seiner Backwaren fragen. Allerdings ist es nicht immer einfach, eine verbindliche Antwort zu erhalten, weil viele Bäckereien mit vorgefertigten Backmischungen bzw. Backmitteln arbeiten. Manche Bäckereien haben für ihre Kunden ein Handbuch der verwendeten Zutaten ausliegen. Im Bioladen und im Reformhaus können Sie davon ausgehen, dass alle Inhaltsstoffe deklariert werden. Süße Backwaren sind zu 99 Prozent für eine laktosefreie Ernährung ungeeignet. Da sie mit Milch oder Butter gebacken werden, enthalten sie immer Milchzucker. Im Supermarkt finden Sie einige Produkte von Harry, die keine Laktose enthalten, z.B. Vollkorn-Toast, Dreikorn-Sonne-Toast, Rosinenstuten, Wiener Zopf, Baguette-Brötchen, Sandwichbrot und alle herzhaften Brotsorten. Die Hamburger-Brötchen von Golden Toast sind ebenfalls laktosefrei. Mit ihnen können Sie zu Hause Ihre eigenen Hamburger kreieren. Die Produkte der bekannten Fastfood-Anbieter sind alle nicht geeignet.

Butterschmalz oder Ghee: Ist geklärte Butter ohne Eiweiß und Milchzucker. Das aus Indien stammende Ghee (gesprochen Gieh) ist gut verträglich und hoch erhitzbar. Durch seine feste Konsistenz bietet es sich zum Kochen und Braten an. Sie können Ghee in asiatischen Lebensmittelgeschäften oder im Bioladen bekommen.

Calcium: Ist ein wichtiger Mineralstoff für den menschlichen Körper. Für eine ausreichende Versorgung empfiehlt die Deutsche Gesellschaft für Ernährung e.V. (DGE) für Kinder von bis zu einem Jahr ca. 400 mg Calcium pro Tag. Der Bedarf steigt mit zunehmendem Alter auf 1200 mg bei den 13- bis 19-Jährigen. Erwachsene sollten ca. 1000 mg Calcium aufnehmen. Bei einer laktosefreien Ernährung besteht die Gefahr eines Calciummangels. Eine praktische Nahrungsergänzung sind die Kautabletten Caltrate 600 + D aus der Apotheke. Eine Kautablette enthält 600 mg Calcium und dazu Vitamin D, das die Aufnahme im Körper unterstützt. Die Kautabletten mit Vanille- oder Schokoladengeschmack können Sie jederzeit und überall verzehren.

Eiscreme: Falls Sie mal keine Zeit oder Lust haben, Eiscreme selbst herzustellen, finden Sie im Bioladen Eiscreme auf Sojabasis von Provamel in den Geschmacksrichtungen Vanille, Schokolade und Erdbeer. Im Supermarkt sind lediglich das Citronen Sorbet von Mövenpick und einige Wassereissorten laktosefrei.

Gemüsebrühe: Im Bioladen (z.B. von Erntesegen oder Bruno Fischer) oder im Reformhaus (z.B. von Cenovis) können Sie Gemüsebrühe in Pulver- bzw. Würfelform bedenkenlos einkaufen. Auch der Lebe Gesund-Direktversand bietet eine gute Streuwürze (ohne Hefe) an. Diese Produkte sind garantiert laktosefrei. Im Supermarkt sind z.B. die Produkte »Gekörnte Brühe«, »Brühwürfel« und »Klare Gemüsebrühe« von Maggi oder »Gemüse-Kraftbouillon« und »Klare Delikatessbrühe« von Knorr laut Hersteller milchzuckerfrei. Geringfügige Spuren von Laktose sind jedoch produktionsbedingt nicht auszuschließen.

Gewürzmischungen: Supermarkt-Gewürzmischungen können stets Milchzucker enthalten. Beschränken Sie Ihren Einkauf besser auf reine Gewürze oder fragen Sie beim Hersteller nach, wenn Sie sicherstellen möchten, dass alle Produkte laktosefrei sind. Alle Gewürzmischungen (z.B. Kräuter der Provence, Garam masala u.a. von Lebensbaum, Sonnentor, Brecht) aus Bioladen und Reformhaus sind völlig unbedenklich.

Haferdrink: Erfrischendes Getränk auf Haferbasis, das eine milchig-weiße Farbe hat und leicht süßlich schmeckt. Haferdrink wird im 1-Liter-Tetrapack in den Geschmacksrichtungen Natur und Schokolade von Oatly, in Natur und Vanille von Natumi (Bioladen) und in Natur von Vitaquell (Reformhaus) angeboten. Mit Haferdrink können Sie kochen, backen und Drinks und Desserts zubereiten. Für das morgendliche Müsli lässt sich Haferdrink auch gut mit Soja- oder Reisdrink mischen.

Hafersahne: Die Sahne auf Haferbasis hat eine cremige Konsistenz und einen leicht süßlichen Geschmack. Hafersahne von der Firma Oatly bekommen Sie im Bioladen. Ähnlich wie Sojasahne lässt sich auch Hafersahne leider nicht aufschlagen, sie eignet sich jedoch sehr gut für das Verfeinern von Saucen und Desserts.

Ketchup: Klassisches Ketchup, z.B. von Kraft, aus dem Supermarkt ist laktosefrei – ebenso die Produkte aus dem Bioladen und dem Reformhaus.

Kokosmilch: Die Flüssigkeit aus der Kokosnuss hat ihren festen Platz in der asiatischen Küche und eignet sich besonders gut für die Zubereitung von Desserts und Mixgetränken. Kokosmilch ist dickflüssiger und fetthaltiger als beispielsweise Sojasahne. Kokosmilch bekommen Sie in Dosen und Tetrapacks in gut sortierten Supermärkten und in allen Asialäden.

Laktosefreier Brotaufstrich/Frischkäse: Diese Alternative auf Basis von Sonnenblumenöl und -kernen ist in zahlreichen Geschmacksrichtungen erhältlich. Unter dem Namen iBi von Lebe Gesund bekommen Sie ihn im Direktversand oder auf Wochenmärkten, als Streich von Zwergenwiese im Bioladen oder von Granovita im Reformhaus. Er schmeckt als Brotaufstrich und ist für die Zubereitung von Saucen, Dressings und Dips bestens geeignet.

Laktosefreie Margarine: Rein pflanzliche Margarine, die sich als Brotaufstrich und zum Kochen und Backen eignet. Sie wird in Supermärkten als Becel Diät Margarine, Becel Margarine zum Kochen und Backen oder Becel Pflanzencreme angeboten. In Bioläden finden Sie laktosefreie Margarine unter dem Namen Alsan. In Reformhäusern haben Sie die Wahl zwischen unterschiedlichen Produkten von Vitaquell.

Laktosefreie Mayonnaise: Im Supermarkt finden Sie laktosefreie Mayonnaise z.B. von Kraft unter dem Namen Miracel Whip oder von Thomy als Delikatess Mayonnaise. Der Lebe Gesund-Direktversand bietet unter dem Namen iBi-naise eine Mayonnaise auf Sonnenblumenölbasis an. Im Bioladen und im Reformhaus gibt es z.B. Tofu- oder Knoblauchmayonnaise.

Laktosefreie Milchprodukte: Wer nicht auf klassische Milchprodukte verzichten möchte, findet im Supermarkt unter dem Namen Minus L eine gut sortierte Auswahl an laktosefreien Milchprodukten von der Firma Omira (Milch, Joghurt, Käse, Butter, Quark, Schmand, Pudding). Der Laktosegehalt liegt unter 0,1% / 100g. Im Reformhaus bietet die Firma Heirler laktosefreie Milch, Joghurt und Schnittkäse in verschiedenen Sorten an und im Naturkostladen finden Sie laktosefreie Milch von der Firma Söbbeke.

Laktosefreie Schlagsahne: Die Schlagcreme auf pflanzlicher Basis wird unter dem Namen Hopla im Direktversand angeboten. Sie lässt sich sehr gut aufschlagen. Hopla-Sahne erhalten Sie in den Varianten »gesüßt« und »zuckerfrei«. Da sie im Geschmack der herkömmlichen Sahne sehr ähnlich ist, kann sie auch wie diese verwendet werden: zum Kochen, zum Zubereiten bzw. Verfeinern von Getränken, Eiscreme, Desserts, Kuchen und Torten. Bezugsquelle: www.der-sahnemann.de

Naschsachen süß und salzig: Nahezu alle Süßigkeiten und Kekse aus dem Supermarkt enthalten Laktose. Einige Ausnahmen sind: Mon Chéri von Ferrero, Müsliriegel von Schwartau (z.B. Corny Erdnuss, Corny free/Apfel free, Corny nussig), Marzipankartoffeln oder Rohmarzipan von Zentis und die meisten Naschsachen von Haribo. Laktosefreie vollwertige Kekse erhalten Sie im Reformhaus (z.B. Apfel- und Aprikosenkekse von Drei Pauly) und im Bioladen (verschiedene Sorten z.B. von Allos, Sommer & Co., Bohlsener Mühle und Pural). Sehr nahrhaft sind die verschiedenen Frucht- bzw. Nussschnitten, z.B. von Dr. Balke, die im Reformhaus angeboten werden. Laktosefreies Salzgebäck finden Sie im Supermarkt z.B. von Lorenz/ehem. Bahlsen (Saltletts, Erdnuss Locken) und Mayka (verschiedene Brezelsorten).

Nuss-Nougat-Creme: Unter dem Namen Chocoreale/Haselnuss des Anbieters Molenaartje können Sie im Reformhaus eine sehr lecker schmeckende, laktosefreie Nuss-Nougat-Creme finden.

Nougat: Laktosefreien dunklen Nougat erhalten Sie im Supermarkt von Ruf. In der Weihnachtszeit wird er auch in Reformhäusern als Saisonartikel angeboten.

Puddingpulver: Im Supermarkt erhalten Sie laktosefreies Puddingpulver z.B. von Dr. Oetker. Die geeigneten Geschmacksrichtungen sind Sahne-Geschmack, Schoko-Geschmack und Mandel-Geschmack. Der klassische Vanillepudding ist allerdings nicht laktosefrei. Die Vanillesauce zum Kochen ist dagegen laktosefrei. Puddingpulver aus Bioladen und Reformhaus sind laktosefrei. Hier können Sie auch bei Vanillepudding bedenkenlos zugreifen.

Reisdrink: Getränk auf Reisbasis. Hat eine milchig-weiße Farbe, schmeckt süßlich und ist in der Konsistenz etwas dünner als Soja- oder Haferdrink. Reisdrink finden Sie im 1-Liter-Tetrapack sowohl im Bioladen von Provamel und Natumi als auch im Reformhaus von Vitaquell. Mit Reisdrink können Sie Kuchen backen und Drinks und Desserts zubereiten.

Seidentofu: Aus Sojabohnen gewonnenes Produkt mit glatter und seidiger Konsistenz, das sich gut im Mixer cremig rühren lässt. Daher besonders gut geeignet für die Zubereitung von Dressings, Desserts und Mixgetränken. Sie können ihn auch als Ersatz für Sojasahne zur Verfeinerung von herzhaften Saucen verwenden. Sie finden Seidentofu von Taifun im Bioladen.

Senf: Laktosefreien Senf bzw. Dijon-Senf erhalten Sie in jedem Supermarkt z.B. von Thomy, Kühne und Maille (Dijon-Senf). Im Bioladen und im Reformhaus haben Sie die Wahl zwischen mehreren laktosefreien Produkten beispielsweise von Byodo oder Tartex.

Sojadessert: Schmeckt wie Pudding und ist von Alpro Soja im Supermarkt oder Bioladen und von Vitaquell im Reformhaus erhältlich. Die Geschmacksrichtungen sind Vanille, Schokolade, Caramel und Mokka (nur Provamel). Sojadessert bekommen Sie im 500-ml-Tetrapack und im 4er-Pack (à 125 g). Sojadessert eignet sich gut als Nachtisch, als Snack für zwischendurch und zum Mitnehmen auf Reisen, weil er ohne Kühlung auskommt. Das Alproprodukt ist mit Calcium angereichert.

Sojadrink: Ist ein besonders guter Ersatz für Kuhmilch, denn er enthält alle essenziellen Aminosäuren, wertvolles pflanzliches Eiweiß, Mineralien, Spurenelemente, Antioxidanzien und natürliche Isoflavone, dabei ist er sehr vielseitig einsetzbar. Sojadrink bekommen Sie in vielen verschiedenen Geschmacksrichtungen und Verpackungsgrößen. Die Variante mit Calcium und Vitamin B2 (von Alpro Soja) ersetzt das Calcium aus der Milch und versorgt den Körper optimal mit diesem wichtigen Mineralstoff. Die Alpro-Soja-Produkte finden Sie in jedem gut sortierten Supermarkt und im Bioladen (hier unter der Marke Provamel). Weitere Anbieter sind Vitaquell und Granovita (beides Reformhaus) sowie Natumi (Bioladen). Sojadrink ohne Salz- und Zuckerzusatz eignet sich vor allem für die Zubereitung von herzhaften Gerichten. Die süßen Varianten mit Calcium, Vanille, Schokolade, Erdbeere und Banane schmecken lecker zu Müsli und Kaffee bzw. Tee. Auch für die Zubereitung von Kuchen und Desserts sind sie hervorragend geeignet. Von Alpro Soja werden derzeit zwei Sorten Sojadrink im Kühlregal angeboten: mit Calcium und mit Schokolade. Beide sind mit den Vitaminen B_2, B_{12} und E angereichert. Die meisten Sojadrinks sind in 1-Liter- und 500-ml-Tetrapacks erhältlich. Alpro-und Provamel-Produkte bekommen Sie auch im 250-ml-Tetrapack – sehr praktisch, um sie z.B. auf Reisen oder auch ins Lieblingscafé mitzunehmen.

Sojajoghurt: Joghurt auf Sojabasis von Alpro Soja bzw. Provamel finden Sie im gut sortierten Supermarkt und im Bioladen unter dem Namen Soja Yofu. Er wird in den Geschmacksrichtungen Natur, Erdbeer, Pfirsich, Waldfrüchte, Exotic und Vanille (nur Provamel) im 500-g-Becher oder im 4er-Pack (à 125 g) angeboten. Sojajoghurt enthält wertvolle Joghurtkulturen und ist größtenteils mit Calcium angereichert. Damit unterstützt er die Calciumversorgung und sorgt für eine gesunde Darmflora. Sojajoghurt können Sie pur genießen, er eignet sich aber auch hervorragend für die Zubereitung von Shakes, Torten und Desserts.

Sojasahne: Stellt eine prima Alternative zu Crème fraîche und ungesüßter Sahne dar. Mit Sojasahne können Sie sowohl Suppen als auch süße und herzhafte Saucen, Dips und Desserts verfeinern. Sojasahne bewährt sich zudem als gesundes, kalorienreduziertes und cholesterinfreies Ersatzprodukt für die herkömmliche Schlagsahne. Unter dem Namen Soja Cuisine (von Alpro Soja und Provamel) finden Sie Sojasahne im gut sortierten Supermarkt bzw. Bioladen oder als Sojadream (von Vitaquell) im Reformhaus. Sojasahne sollten Sie beim Kochen möglichst nicht zu stark erhitzen (besonders in Verbindung mit sauren Zutaten), da sie sonst gerinnen kann. Beim Verfeinern von Suppen oder Saucen geben Sie die Sojasahne am besten erst gegen Ende der Kochzeit hinzu. Für Kuchen und Desserts finden Sie im Reformhaus (Soja-Saane) und im Naturkostladen (Soyatoo, Cresoy) auch aufschlagbare gesüßte Sojasahne.

Glossar

Tofu: Ist ein quarkähnliches Produkt aus Sojabohnen mit einer festen Konsistenz, das viel pflanzliches Eiweiß liefert. Tofu eignet sich zum Kochen, Braten und Frittieren und kann für Salate und Desserts verwendet werden. Klassischer Tofu ist relativ geschmacksneutral. Daher sollten Sie ihn bei der Zubereitung herzhafter Gerichte für kurze Zeit mit Sojasauce und Gewürzen marinieren. Sie bekommen Tofu im Bioladen und im Reformhaus in den Geschmacksrichtungen: Tofu Natur, Räuchertofu, Tofu mit Nüssen, mit Kräutern, mit Tomaten u.v.m. Tofu aus dem Asialaden schmeckt meist am besten. Er wird frisch abgepackt und nach Gewicht verkauft.

Wurstwaren: Auch bei Wurstwaren sollten Sie sich am besten einen Metzger in Ihrer Nähe suchen und ihn nach den einzelnen Zutaten Ihrer Lieblingswurst fragen. Dabei ist es wichtig, dass er die Produkte selbst herstellt. Ansonsten könnte beispielsweise unter dem Begriff Zuckerstoffe versteckter Milchzucker enthalten sein. Abgepackte Wurstwaren aus dem Bioladen sind garantiert laktosefrei. Die Inhaltsstoffe sind alle auf der Verpackung deklariert. Im Supermarkt finden Sie laktosefreie Produkte von Becel (z.B. Kalbsleberwurst, Teewurst, Wiener Würstchen) oder von Du Darfst (z.B. Geflügel-Putenwurst, Geflügel-Schinkenwurst, Cervelatwurst mit Pistazien).

Zartbitterschokolade: Sehr gute Edelbitterschokolade bietet die Firma Rausch an. Sie hat einen Kakaoanteil von 60 Prozent und ist unter dem Namen Amazonas z.B. in Karstadt Warenhäusern erhältlich. Sie ist zum Naschen ein Genuss und eignet sich sehr gut zum Backen sowie für die Herstellung von Pralinen. Laktosefreie Zartbitterschokolade finden Sie selbstverständlich auch im Bioladen (von Rapunzel, Vivani) und im Reformhaus (von Liebhart's). Die Produkte aus dem Supermarkt (z.B. von Lindt) können noch Spuren von Milchzucker enthalten.

Gut zu wissen

Adressen und Links, die weiterhelfen

Selbsthilfe

Deutsche Gesellschaft für Ernährung e.V.
Godesberger Allee 18
53175 Bonn
Tel. 02 28-37 76-6 00; Fax 02 28-37 76-8 00
www.dge.de

Selbsthilfegruppe Kuhmilchallergie und Laktoseintoleranz Homburg
Potsdamer Str. 10
66424 Homburg
Tel./Fax 0 68 41-7 23 36

Bezugsquellen für laktosearme Milchprodukte

www.breisgaumilch.de
www.omira.de

Bezugsquellen für laktosefreie Produkte

www.alpro-soja.de
www.Lebe-Gesund.de
www.der-sahnemann.de

Weitere Infos

www.milchzuckerfrei.de
www.laktonet.de
www.laktonova.de
www.laktosefreikochen.de
www.libase.de

TIPP

Unter www.libase.de finden Sie Listen laktosefreier Lebensmittel zum Herunterladen.

Gerichte nach Kapiteln

Rezeptregister von A bis Z

Programmleitung: Doris Birk
Leitende Redakteurin: Birgit Rademacker
Redaktion: Anne Taeschner
Lektorat: Julei M. Habisreutinger
Korrektorat: Hildegard Toma
Umschlaggestaltung: Independent Medien Design
Fotografie: Studio L'EVEQUE, München
Produktion: Petra Roth
Satz: Johannes Kojer, München
Reproduktion: Penta Repro, München
Druck und Bindung: Printer, Trento
Bildnachweis:
Titelbild, S.1,2,3,4,5,22,23: Jörn Rynio, Hamburg; alle anderen Studio L'EVEQUE, München

ISBN 978-3-7742-6649-0

5. Auflage 2009

Studio L'EVEQUE
Food Fotografie
Harry Bischof und Tanja Major (Food & Styling) arbeiten schon lange intensiv für Werbung, Bücher und Zeitschriften im Foodbereich. In ihrem Studio assistieren Krisztina Babics und Hannelore Bellini. In der Innenstadt Münchens kreiert das 4-köpfige Team Foodaufnahmen mit erfrischendem Licht und appetitanregendem, trendigem Styling.
Titelbild: Hähnchencurry mit Möhren, S.64

Die Anregungen in diesem Buch stellen die Meinung beziehungsweise die Erfahrungen der Autorinnen dar und wurden von ihnen nach bestem Wissen und Gewissen erstellt. Sie bieten jedoch keinen Ersatz für kompetenten medizinischen Rat. Jede Leserin, jeder Leser sollte für das eigene Tun auch weiterhin selbst verantwortlich sein. Weder die Autorinnen noch der Verlag können für eventuelle Nachteile oder Schäden, die aus den im Buch gegebenen praktischen Hinweisen resultieren, eine Haftung übernehmen.

Geschützte Warennamen (Warenzeichen) sind nicht immer gekennzeichnet. Aus der fehlenden Angabe kann nicht geschlossen werden, dass es sich um freie Warennamen handelt.

DAS ORIGINAL GU MIT GARANTIE

Unsere Garantie

Alle Informationen in diesem Ratgeber sind sorgfältig und gewissenhaft geprüft. Sollte dennoch einmal ein Fehler enthalten sein, schicken Sie uns das Buch mit dem entsprechenden Hinweis an unseren Leserservice zurück. Wir tauschen Ihnen den GU-Ratgeber gegen einen anderen zum gleichen oder ähnlichen Thema um.

Liebe Leserin und lieber Leser,

wir freuen uns, dass Sie sich für ein GU-Buch entschieden haben. Mit Ihrem Kauf setzen Sie auf die Qualität, Kompetenz und Aktualität unserer Ratgeber. Dafür sagen wir Danke! Wir wollen als führender Ratgeberverlag noch besser werden. Daher ist uns Ihre Meinung wichtig. Bitte senden Sie uns Ihre Anregungen, Ihre Kritik oder Ihr Lob zu unseren Büchern. Haben Sie Fragen oder benötigen Sie weiteren Rat zum Thema? Wir freuen uns auf Ihre Nachricht!

Wir sind für Sie da!
Montag – Donnerstag: 8.00 – 18.00 Uhr;
Freitag: 8.00 – 16.00 Uhr
Tel.: 0180 - 5 00 50 54*
Fax: 0180 - 5 01 20 54*
E-Mail:
leserservice@graefe-und-unzer.de

*(0,14 €/Min. aus dem dt. Festnetz/ Mobilfunkpreise können abweichen.)

P.S.: Wollen Sie noch mehr Aktuelles von GU wissen, dann abonnieren Sie doch unseren kostenlosen GU-Online-Newsletter und/oder unsere kostenlosen Kundenmagazine.

GRÄFE UND UNZER VERLAG
Leserservice
Postfach 86 03 13
81630 München

GRÄFE UND UNZER
Ein Unternehmen der GANSKE VERLAGSGRUPPE